CONTENIDO

1. Presentación y justificación del libro............ 3
2. Breve historia del S&OP 6
3. Diferencias entre Planeación de la Demanda, S&OP e IBP 12
4. El modelo de Diagnóstico del S&OP 18
5. El 1er paso de S&OP: La Planeación de la Demanda 33
6. Dos diferentes modelos de S&OP 45
7. Los diagramas SIPOC para construir el proceso del S&OP................................... 48
8. Los siete pasos del S&OP 53
9. Inteligencia emocional en el S&OP 73
10. Galería de imágenes ampliada 79
11. Sobre el autor 88
12. Bibliografía y recursos adicionales en YouTube y Dropbox 89

www.celogis.com

1. PRESENTACIÓN Y JUSTIFICACIÓN DEL LIBRO

Cuando inicié la redacción de este libro, me fijé el firme propósito que fuera un manual que te ayudara a crear tus propios planes de los dos que se describen en él. Estoy seguro que, cuando lo termines de leer, te será más económico que buscar a consultor que te diga cómo construir cualquiera de ellos.

El libro busca compartirte, además de un poco de historia que consideré importante para darle sustento a los conceptos que descubrirás en las páginas de él, las diferencias entre los procesos de Planeación de la Demanda, Planeación de Ventas y Operaciones (Sales & Operations Planning – S&OP) y Planeación Integrada del Negocio (Integrated Business Planning - IBP).

También encontrarás un modelo de trabajo para realizar el diagnóstico actual de tu proceso del S&OP. Los pasos necesarios para diseñar y construir tu proceso de Planeación de la Demanda. Dos diferentes modelos del S&OP de empresas consultoras internacionales. Los diagramas SIPOC que será una herramienta muy útil para definir los pasos de cada proceso y subproceso, los siete pasos del S&OP, y como aplicar inteligencia emocional en tu proyecto.

La idea de escribir este libro o manual de apoyo surgió por varias razones, pero te comparto cuatro de las más importantes:

1) Tengo escrito el "Manual de Pronósticos y Planeación" y también el de "Planeación de la Demanda: Una guía práctica", que los puedes encontrar en Amazon y en la página https://www.celogis.com/ebooks-y-libros/, pero hacía falta producir el que actualmente estás leyendo. Era necesario cerrar el ciclo.
2) Las actividades de diseño, construcción, implementación y puesta en práctica de cada uno de los procesos descritos con antelación son diferentes para cada empresa, y era necesario tener una base sólida que te ayude en las actividades descritas.
3) He trabajado y capacitado a más de 6,000 ejecutivos de más 400 empresas, y también he aprendido mucho de ellos. Más de 35 años que tengo en este emocionante campo de acción, me han ayudado a encontrar áreas de oportunidad (problemas) y soluciones que me gustaría compartírtelas en este libro.
4) Pero la razón más importante, como lo describí al principio, es que puedas diseñar, construir e implementar tus propios planes, y que este libro te ayude a ello. Si después de haber leído lo que te comparto en estas páginas, implementaste con éxito el Plan de Demanda o el S&OP para tu empresa, el libro cumplió con su cometido.

Concretamente, lo qué aprenderás en una forma práctica, en este libro que espero sea de consulta continua, te lo amplió en los siguientes puntos:

1. Conocer un poco de historia del proceso de gestación del concepto del S&OP y cómo evolucionó al IBP.
2. Descubrir las diferencias, conceptuales y prácticas, entre Planeación de la Demanda, S&OP e IBP.
3. Cómo aplicar un modelo de Diagnóstico para conocer el estado actual del S&OP.
4. Los pasos necesarios para el diseño y la construcción del proceso de la Planeación de la Demanda.
5. Dos diferentes modelos de S&OP de empresas consultoras internacionales para que puedas comparar tu modelo actual o el que quieres iniciar.
6. La metodología SIPOC que te ayudará a construir los procesos de Planeación de la Demanda y S&OP-IBP, o cualquier otro proceso que sea necesario incluir.
7. Cómo aplicar la Inteligencia emocional cuando estés operando cualquiera de los procesos descritos.
8. Una guía de 7 pasos prácticos que te ayudará a diseñar y construir el S&O, con formatos de ayuda en Power Point.

Así que espero que aprendas mucho, pero sobre todo que puedas llevarlo a tu práctica profesional y diaria.

Nota importante. En algunas de las figuras, gráficas o tablas, que se muestran en cada capítulo, las letras están muy pequeñas y no se aprecian bien, por ello en el capítulo 10 podrás encontrar una galería de ellas ampliada.

Un fuerte abrazo

Tomás Gálvez

2. BREVE HISTORIA DEL PLAN DE VENTAS Y OPERACIONES (S&OP)

Las primeras décadas

Iniciaré la historia de este proceso llamado Plan de Ventas y Operaciones (S&OP, por sus siglas en inglés) en la década de 1960. Aunque estoy seguro que existen más años más por descubrir, fueron muchos los eventos para que en ese tiempo la economía mundial creciera a un ritmo impresionante. El avance del capitalismo; como un concepto en donde la economía de la sociedad se basaba en las leyes de mercado, en la interacción de la competencia y el interés individual, así como el desarrollo de la tecnología y la investigación científica, fueron decisivos para la creación de nuevos procesos clave de negocio. Nacía una economía mundial que no tenía una base o unos límites territoriales concretos, además de muchos otros sucesos importantes.

En 1962 Roger Everett, quien fue pionero en la investigación sobre la difusión de la innovación, publicó el libro "La teoría de la Difusión de las Innovaciones". Su modelo de Difusión de Innovaciones estaba basado en el proceso de entendimiento de cómo nuevas ideas y productos se distribuían – y por qué otros muy buenos no lograban hacerlo o no permanecían el tiempo necesario para tener éxito. Y eso fue precisamente lo que ocurrió con el proceso del S&OP, un proceso y concepto innovador que aún no tenía éxito.

Unos años después de la publicación de dicho libro, en otoño de 1968, apareció la primera computadora moderna, como un prototipo presentado por Douglas Engelbart. Su innovación tenía un ratón o puntero, y una interfaz gráfica de usuario, lo que cambió para siempre el modo en que los usuarios y los sistemas computarizados interactuarían más adelante.

En ese tiempo salieron al mercado las primeras computadoras comerciales y sentaron las bases del desarrollo en la gestión automatizada para la planificación y gestión de inventarios, así como de producción. A la fecha de la redacción de este libro, dichos sistemas eran primitivos, pero suponían un gran avance en aquella época. Además, en ese tiempo, las actividades e información que se generaban en las áreas de ventas, compras, producción, control de inventarios, almacenamiento, distribución, transporte, servicio al cliente, y finanzas estaban separadas y fragmentadas.

Aunado a ello, dado que las fuentes de materias primas, las fábricas y los puntos de venta no estaban ubicados en los mismos lugares era necesario un sistema o un modelo de integración que ayudará a su control.

La irrupción, en la década de 1970, de los MRP (*Material Requirements Planning*) de la mano de IBM (International Business Machines Corp.), originó que las empresas se enfocarán más en la integración de procesos. Estos modelos ayudaban a planificar los requerimientos de la materia prima que se utilizaba en la fabricación de artículos y productos. Joseph Orlicky fue, según la historia, uno de los primeros que publicó los principios y preceptos de MRP con el libro Material Requirements Planning: The New Way of Life in Production and Inventory Management, McGraw-Hill, 1975

En ese año (1975), ya existían sistemas informáticos de MRP que funcionaban en enormes computadoras (ordenadores centrales), aunque su potencia de cálculo no era comparable ni siquiera a la de algunas de las computadoras portátiles actuales.

Al entrar en los 80, dichos sistemas evolucionaron y se denominaron MRP-II. Incluían más áreas operativas. No sólo se encargaban de la gestión de materiales, sino que también administraban recursos económicos. De esta forma, incluyeron elementos financieros presentes en la producción como los costos de la materia prima, mano de obra y organización.

El término ERP (Enterprise Resource Planning) se utilizó por primera vez en la década de 1990. Se centraba en funciones empresariales como la producción, finanzas y contabilidad, recursos humanos, gestión de proyectos, entre otros. Estaba compuesto por sistemas modulares, con características avanzadas de operación integrada, para todas las áreas de la empresa.

Debido al avance tecnológico, en la década de 2000, emergió la segunda generación del ERP y, con ella, la posibilidad de integración con sistemas de gestión de relaciones con clientes, conocido como *Customer Relationship Management* (CRM).

Debido a los menores costos que ofrecía el ERP en la nube, para el 2010, los sistemas de gestión empresarial se empezaron a ofrecer como un servicio (*Software as a Service - SaaS*) que permitía a los usuarios conectarse a aplicaciones basadas en la nube a través de Internet y usarlas. Algunos ejemplos más comunes son el email, los calendarios y las herramientas de Microsoft Office 365. Gracias a ello, no sólo eran usados por las grandes empresas manufactureras, sino que su empleo se extendió también a las pequeñas y medianas empresas (PyMES).

Pero ¿cómo y cuándo nace el concepto del Plan de Ventas y Operaciones (S&OP)?

Con base en la historia consultada, este concepto no nace con ese nombre. Como lo he descrito, en la década de 1970, se pretendía mejorar los sistemas de manufactura MRP-II con la integración de la visión comercial y tratar de balancear la planeación de los procesos productivos. Pero en ese tiempo, no existía la cantidad de información que se dispone hoy en día, ni la incertidumbre que generan los proveedores, así como los mercados y el comportamiento del consumidor. Por ello, y por otras razones más, ese proceso de negocio permaneció escondido durante más de 40 años.

Aunque algunos autores lo citan a partir de 1980, y en esa década tenía muchos nombres: Procesos colaborativos de logística, Redes de valor, S&IOP (Sales and Operations e Inventory Planning), Planeación Integrada, entre muchos más, pero se mantuvo con bajo perfil para la alta dirección.

¿Y qué revivió el concepto?

Existen muchas variables que hicieron que las organizaciones empresariales recordaran la existencia del S&OP y renaciera el proceso en el siglo XXI, algunas de las que pueden ser listadas, sin pretender ser exhaustivo, son: la globalización de los mercados, la incertidumbre en las entregas de los proveedores, la reducción de los ciclos de vida de los productos, la falta de información de los procesos clave de la cadena de suministro, las nuevas tecnologías de información y comunicación, las grandes cantidades de información, entre muchas otras más.

Además, como elemento principal, la planificación de escenarios se convirtió en una necesidad para las empresas. Era necesario analizar y estudiar, por ejemplo: ¿Qué pasaría en la empresa si los proveedores no entregarán a tiempo? ¿cómo reaccionarían los clientes ante un cambio de precios? ¿qué sucedería en el ambiente empresarial interno por la falta de cumplimiento de las entregas con los clientes? ¿cómo prepararse ante los riesgos de una pandemia, climas extremos, huelgas, paros de línea y otras eventualidades no previstas? ¿cómo reaccionar ante un paro de alguna línea de producción imprevisto?

Dicha planificación de escenarios tenía como objetivo alinear los recursos y capacidades para obtener un mejor rendimiento dentro de un horizonte táctico. El propósito principal era conciliar la demanda, los planes de las nuevas introducciones y el suministro, tanto al nivel de producto, como de familia, y ligarlos con el plan de negocio de la organización.

En la actualidad, para algunas empresas, no está claro el alcance o las diferencias entre Planeación de Demanda (Demand Planning), Planeación de Ventas y Operaciones (Sales & Operations Planning), y Planeación Integrada del Negocio (Integrated Business Planning). Por ello, la planificación de escenarios se convirtió en una tarea confusa para establecer los límites de cada proceso.

Para aclararlo, enseguida te muestro el significado de cada concepto y las diferencias entre ellos. Por supuesto, si tienes alguna otra definición que las complemente, y mejore, recuerda que la historia siempre puede cambiar.

3. DIFERENCIAS ENTRE PLANEACIÓN DE LA DEMANDA, S&OP E IBP

En el capítulo 5 de este libro podrás encontrar mayor detalle del proceso de Planeación de la Demanda (PD). Con relación al Plan Integración del Negocio (IBP, por sus siglas en inglés) en esta sección se describe el concepto principal, pero sin mayor ampliación como en el caso del de PD y del S&OP. Enseguida se describen los tres conceptos, y al final una tabla comparativa para que puedas encontrar las principales diferencias entre ellos.

La Planificación de la Demanda

El proceso de la Planificación de la Demanda busca la integración de las áreas relacionadas con las actividades realizadas en los procesos de las áreas Comerciales, Mercadotecnia, y Control de Inventarios. La interacción de dichas áreas genera información muy valiosa para la construcción de un pronóstico base. Integrar las iniciativas de cada una de ellas, consensuar, comunicar y medir la efectividad es el propósito de la integración de ese pronóstico.

¿Cuál es el objetivo principal del Plan de Demanda?

El proceso de Planificación de Demanda busca anticiparse a los requerimientos del mercado, pronosticando cuánto, qué y en dónde podrían venderse los distintos productos. Para ello, es necesario recopilar información de las condiciones actuales de la cadena de suministro, así como de las variables clave que proporcionan información sobre costos de producción, precios, insumos, entre otros. Con ello, y reunidos los involucrados claves, el propósito es llegar a un número acordado en consenso para emitir el pronóstico final.

El objetivo principal es generar un pronóstico certero y confiable, identificando tendencias del mercado, así como predecir cambios en los patrones de consumo de los clientes. Es el pronóstico oficial con restricciones operativas.

El Plan de Ventas y Operaciones (S&OP)

El S&OP pretende enlazar el resto de los planes de Compras, Producción, Logística y Distribución con la ejecución del Plan de Demanda. Implica fases complementarias de organización, ejecución y control que formalizan un ciclo administrativo. En algunos casos, no se limita al actuar de una empresa en particular, sino que considera a todos los participantes que son determinantes en el desempeño de los indicadores clave.

¿Cuál es el objetivo principal del S&OP?

Es la aprobación ejecutiva, en definitiva, de los planes de la empresa para un rango de tiempo que cubre del corto al mediano plazo, con un horizonte suficiente para planear los recursos y para soportar el proceso de la planeación anual del negocio. El objetivo es generar planes de trabajo que determinen la utilización de los recursos de los procesos participantes. Estos deben encontrar, en la planeación, las metas operacionales para identificar cuando los procesos son de servicio a los anteriores y no forman parte directamente con el proceso de planeación.

El proceso debe establecer metas de desempeño, usualmente una combinación de resultados financieros, y de indicadores duros de nivel de servicio, o de eficiencia y utilización de ciertas capacidades de proceso. Es un solo juego de números.

El Plan Integrado del Negocio (IBP)

Es la unión del Plan de Demanda y el S&OP, o una extensión de los dos planes. A ella se suman las áreas de Finanzas, Innovación y Desarrollo y Tecnologías de Información, para definir estrategias, gestionar riesgos y lograr el rendimiento financiero. El IBP es la evolución del proceso S&OP ya que analiza la causa de los impactos en los resultados obtenidos, pretende alinear las distintas áreas funcionales con indicadores compartidos, y realiza análisis de escenarios futuros para determinar cuál es el plan de acción óptimo del negocio.

¿Cuál es el objetivo principal del IBP?

El propósito es dar visibilidad de los riesgos clave del negocio con la información que se desprende de los pronósticos financieros, de las actividades y procesos de innovación, así como de las estrategias y objetivos de la empresa. El IBP define las estrategias para alinear las funciones de planificación de cada departamento y lograr el rendimiento financiero de la organización.

Como pudiste observar en las definiciones, y objetivos principales, de cada proceso cada uno de ellos es la extensión del otro.

Planeación de Ventas y Operaciones (S&OP-IBP)

El S&OP es un proceso que está entre la PD y el IBP. Además, revisa el desempeño para ajustar los supuestos y los recursos a la realidad, así como validar la factibilidad de alcanzar los números de la PD, basados en los recursos disponibles para maximizar los beneficios para la organización con base en las metas y estrategias definidas.

Cada uno de ellos son diferentes, pero no pueden existir el S&OP, ni el IBP, si no está sólido el proceso de la Planificación de la Demanda. La siguiente tabla te ayudará a entender mejor las diferencias entre ellos con relación al objetivo, propósito, alcance y meta:

	Planeación de Demanda (PD)	Planeación de Ventas y Operaciones (S&OP)	Planeación Integrada del Negocio (IBP)
Objetivo	Integrar las necesidades de la demanda del mercado entre Comercial y Mercadotecnia con el inventario disponible.	Definir las acciones para lograr el balance entre la oferta y la demanda del mercado.	Integrar las tecnologías de información y las finanzas para responder en tiempo real a los desbalances entre la oferta y la demanda.
Propósito	Generar un pronóstico integral acorde a las necesidades del mercado con las áreas clave involucradas.	Integrar los esfuerzos de áreas y funciones clave de la organización para definir el pronóstico final.	Buscar la optimización de los resultados financieros con indicadores estratégicos de cada proceso.

Alcance	Analizar e integrar las variables que influyen en la demanda del mercado para mejorar los resultados del pronóstico.	Analizar y tomar decisiones, por las restricciones de Finanzas, Abastecimiento, Producción y Logística, en los cambios en el pronóstico.	Definir las estrategias para alinear las funciones de cada departamento y lograr los objetivos de la empresa.
Meta	Integrar con mayor detalle el proceso de innovación al pronóstico para maximizar el impacto en el mercado.	Mejorar el Nivel de Servicio en cada uno de los procesos de la Cadena de Suministro para dar resultado al plan de innovación.	Impulsar la toma de decisiones de consenso con todas las áreas involucradas para apoyar la estrategia de innovación.

Tabla 3.1. Comparativa de las diferencias principales entre PD, S&OP e IBP

Ver y analizar las diferencias, entre los tres procesos, te ayuda para darte una idea de en cuál de ellos deberías iniciar tu proceso de planeación. Pero para iniciar el diseño, la construcción y la implementación de cualquiera de ellos, es necesario realizar un diagnóstico que te enfoque a identificar los problemas por resolver.

Por ejemplo, ¿es posible generar un equilibrio entre la oferta y la demanda de tus productos y el inventario disponible? ¿cómo proyectar la disponibilidad de tus artículos ante las promociones? ¿cómo utilizar las diferentes técnicas de previsión de la demanda para cada uno de los artículos que tienes en tu portafolio? ¿cómo alinear los diferentes departamentos de tu empresa para lograr cumplir con las necesidades del mercado?

Descubrirás, en la siguiente sección, que tanto los procesos de Planeación de la Demanda y del S&OP interactúan activamente para resolver los problemas antes descritos.

4. EL MODELO DE DIAGNÓSTICO DEL S&OP

¿Qué es el modelo del diagnóstico del S&OP?

El S&OP es un conjunto de procesos relacionados entre sí, que interactúan transformando elementos de entrada y de salida, con el objetivo de resolver un problema. Por ello, lo que te comparto en esta sección es una metodología de trabajo que te ayudará a identificar los principales problemas por área, proponer las hipótesis de solución de cada uno de ellos, definir los indicadores de control, y proponer una hoja de ruta de tu proyecto que se convertirá en un proceso de negocio.

¿Por qué hacer un diagnóstico?

El diagnóstico es una herramienta esencial para cualquier negocio que pretenda ser competitivo y sostenible en el largo plazo. Existen muchas razones que justifican la realización de él, en el caso del proceso del S&OP algunas de ellas pueden ser:

- La precisión de mi pronóstico es muy baja y no cumple con los requerimientos de la empresa.
- Los inventarios actuales son muy elevados y me falta espacio en el almacén.
- No tengo un proceso de Planificación de Demanda en sincronía con las demás áreas.
- El área de compras no está en coordinación con la planeación de ventas.

- No tengo claro la problemática principal en mi empresa.
- Me falta entendimiento del nivel de evolución actual del negocio y cuál es la utilidad del pronóstico a mediano y largo plazo.
- No estoy seguro (a) de que mi proceso Planificación de la Demanda y del S&OP esté dando los resultados esperados.
- No sé quiénes deben participar en cada uno de los procesos involucrados en el S&OP-IBP.

La lista puede ser interminable, por ello lo más recomendable es centrarse en los beneficios que obtendrás del diagnóstico. Enseguida describo los más significativos:

- ✓ Generar un plan específico de trabajo para diseñar y construir el proceso del Plan de Ventas y Operaciones (S&OP).
- ✓ Identificar los retos y la problemática principal de cada una de las áreas y actores que influyen en la Cadena de Suministro y de Valor.
- ✓ Definir indicadores relevantes y alineados para las áreas de Ventas, Planeación de Demanda, Innovación, Mercadotecnia, Compras, Producción y Logística.
- ✓ Identificar el grado de avance (nivel de madurez) que tiene cada uno de sus procesos para que puedan ser mejorados e integrados a una solución tecnológica.

El modelo del Diagnóstico.

El modelo del Diagnóstico está descrito por tres fases que se describen en secuencia lógica:

- Fase I. Identificación y análisis de los problemas principales, hipótesis e indicadores de desempeño.
- Fase II. Definición del estado actual del proceso de madurez de la empresa.
- Fase III. Definición y propuesta de la ruta de trabajo y la línea de tiempo para la puesta en marcha del proyecto de S&OP – IBP.

Fase I. Identificación y análisis de los problemas principales, hipótesis e indicadores de desempeño.

<u>Metodología para la identificación de los problemas principales</u>

A manera de definición, un problema puede ser resoluble si puede proponerse una hipótesis relevante como tentativa de solución para el mismo, y es posible comprobar dicha hipótesis determinando un grado de probabilidad para ella.

Existen muchos problemas (o áreas de oportunidad) en una empresa por resolver, pero algunos de ellos no lo son en realidad. Como lo comenté en el párrafo anterior, si se puede proponer una hipótesis y es posible comprobarla con cierto grado de probabilidad, entonces existe un problema.

Por ello, y para definirlos en forma adecuada, es necesario seguir los siguientes pasos para cada uno de ellos:

1. Presentar los antecedentes del problema, así como los supuestos básicos en los que se apoya.
2. Conocer la realidad del problema con relación al medio dentro del cual aparece.
3. Describir todos aquellos puntos que unen circunstancia – problema con relación al proceso a investigar.
4. Encuadrarlo en un enunciado descriptivo o en una pregunta que indique con claridad qué información se ha de obtener para resolver.

Veamos un ejemplo de una empresa que compra, produce y vende:

1. <u>Antecedentes del problema.</u> Durante más de cinco años, mi empresa ha estado tomando decisiones de compra de materia prima, y de las cantidades de producción, con base en las ventas promedio del producto terminado de los últimos doce meses. Esta situación está generando complicaciones operativas y financieras que impactan negativamente en todos los procesos de la Cadena de Suministro, y una de las principales causas es la falta de precisión en los pronósticos de ventas.
2. <u>La realidad y el medio ambiente.</u> La metodología actual de utilizar el promedio de ventas de los últimos doce meses, para generar los pronósticos de los siguientes tres meses, por el área comercial, tiene fundamento en la facilidad del cálculo. Una hipótesis es que ese método está generando exceso y falta de inventario, pérdida de ventas, insatisfacción de los clientes y altos costos operativos, así como falta de

sincronía en cada uno de los procesos de la Cadena de Suministro.
3. <u>Puntos que unen circunstancia – problema</u>. La definición conceptual del problema, en este nivel, no es necesaria. En cambio, el de circunstancia, y para poner en contexto la unión, si es necesario. La circunstancia es una condición o característica no esencial (de tiempo, lugar, modo, etc.) que rodea a una persona o cosa y que influye en ellas o en hechos relacionados. En este caso lo que une el método de promedios utilizado como pronóstico, con el vendedor, es la facilidad del cálculo; lo que une los altos niveles (no óptimos) de inventario con las ventas reales, sigue siendo el método de promedios. Por lo tanto, el problema por investigar sería el método utilizado que está generando las consecuencias descritas.
4. <u>Enunciado o pregunta.</u> Los siguientes son enunciados que describen una problemática, y que también pueden ser formulados en forma de pregunta:
   - *Enunciado 1:* "El bajo nivel de servicio que brindan los almacenes, desde el momento de colocación del pedido hasta el retiro de sus materiales o equipos, ocasionan incremento en los tiempos de espera, errores en las entregas e incorrecta codificación"
   - *Pregunta 1:* ¿Los tiempos de espera, los errores en las entregas y la incorrecta codificación de los pedidos son ocasionados por el bajo nivel de servicio de los almacenes?

- *Enunciado 2:* "El bajo nivel de precisión de un pronóstico tiene relación con un número mayor de factores que sólo el problema técnico de seleccionar un procedimiento (método). Se vincula con la pertinencia del modelo, la expectativa de las técnicas y teorías relacionadas y el horizonte de tiempo, y otros factores que no han sido considerados que puedan mejorar la precisión"
- *Pregunta 2.* ¿El bajo nivel de precisión del pronóstico está relacionado con otros factores no considerados, que sólo los requisitos técnicos del modelo?

Después de haber formulado el problema a manera de enunciado o de pregunta, la tarea ahora es proponer hipótesis de solución para cada uno de ellos. Revisemos algunas definiciones y conceptos.

<u>Marco de trabajo para las hipótesis de solución de cada uno de los problemas descritos.</u>

Definición de las hipótesis

Una hipótesis, por definición, es aquello que se encuentra debajo de algo, que sirve como base o fundamento. Es lo que está bajo la realidad, es un supuesto de un hecho o una situación.

También podemos definir a las hipótesis como supuestos o conjeturas referentes a un problema. Pero no toda suposición es una hipótesis. Sino sólo aquella que se formula con objetividad y que, por lo mismo, se relaciona con todo un sistema.

Tipos de hipótesis

- Hipótesis de investigación. Es la que rige la investigación, la propuesta de solución, o la que se pretende demostrar y verificar en el estudio.
- Hipótesis nula. Es la negación de la hipótesis de investigación.
- Hipótesis alternativa. Consiste en proponer otra solución al problema, que no sea contradictoria al marco teórico; más bien complementa la hipótesis de investigación.

Otra clasificación con ejemplos:

- Univariada (una variable). La mayoría de mis artículos tiene baja precisión del pronóstico.
- Bivariada (dos variables). El incremento en los precios del combustible para automóviles disminuye significativamente la demanda de los servicios de exportación.
- Multivariada (más de 2 variables). La reubicación del centro de distribución produce reducción en el tiempo de entrega, mejoras en el nivel de servicio, y optimización en el sistema de carga y descarga.

A continuación, describo dos ejemplos de planteamiento de hipótesis que te serán útiles para definir las de tu proyecto:

Ejemplo 1:

- Hipótesis de investigación: La reducción en los niveles de inventario produce una disminución significativa en el nivel de servicio al cliente (bivariada)
- Hipótesis nula: La reducción de los niveles de inventario no produce una disminución significativa en el nivel de servicio al cliente.
- Hipótesis alternativa: La reducción en los niveles de inventario, no disminuye el servicio al cliente, pero reduce los costos de los servicios de almacenaje y logística.

Ejemplo 2:

- Hipótesis de investigación: La precisión de un pronóstico aumenta si se consideran además los resultados de las técnicas y modelos, otros factores como: la concepción del pronóstico, la unidad de tiempo, la frecuencia y el tipo de información (multivariada).
- Hipótesis nula: La precisión de un pronóstico no mejora cuando se consideran otros factores de influencia como: la concepción del pronóstico, la unidad de tiempo, la frecuencia y el tipo de información.
- Hipótesis alternativa: La precisión de un pronóstico aumenta si se consideran además los resultados de las técnicas y modelos, otros factores como la pertinencia de las áreas involucradas, el grado de intervención del tomador de decisiones y la evaluación de resultados.

Definición de indicadores involucrados en las hipótesis y la solución de los problemas.

Las hipótesis que se describen, como propuestas de solución a la problemática identificada en modelo del diagnóstico del S&OP, tienen variables que estarán bajo estudio, por ello, para cada una de ellas, será necesario definir los indicadores que servirán para medir los avances del proyecto.

De manera general, un indicador es una expresión cualitativa o cuantitativa observable que permite describir características, comportamientos o fenómenos de la realidad a través de la evolución de una variable o el establecimiento de una relación entre ellas.

Los indicadores serán útiles para establecer el logro y el cumplimiento de la misión, objetivos, metas, programas o políticas de un determinado proceso o estrategia, es información que agrega valor y no es simplemente un dato.

Los indicadores seleccionados durante el diagnóstico, el diseño y la implementación del proceso del S&OP deberán cumplir con las 7 características que se muestran en la tabla 4.1.

No.	Característica	Descripción
1	Oportunidad	Deben permitir obtener información en tiempo real, de forma adecuada y oportuna, y medir con un grado aceptable de precisión los resultados alcanzados.
2	Excluyentes	Cada indicador evalúa un aspecto específico único de la realidad, una dimensión particular de la gestión.
3	Prácticos	Que se facilite su recolección y procesamiento
4	Claros	Ser comprensible, tanto para quienes lo desarrollen como para quienes lo estudien o lo tomen como referencia.
5	Explícitos	Definir de manera clara las variables con respecto a las cuales se analizará para evitar interpretaciones ambiguas
6	Sensibles	Reflejar el cambio de la variable en el tiempo.
7	Transparente / Verificable	Su cálculo debe estar adecuadamente soportado, y ser documentado para su seguimiento y trazabilidad.

Tabla 4.1. Principales características de los indicadores

Además, será necesario que cada indicador tenga la siguiente información en su planteamiento y definición que se muestra en la tabla 4.2.

Identificación	Descripción
Indicador	Siglas y denominación.
Propósito	Objetivo de la Medición.
Cálculo	Fórmula por utilizar para obtener el indicador.
Información de control	Qué información brinda la evolución del Índice.
Frecuencia	Período de Revisión.
Origen de los datos	Área / archivo / sector donde pueden obtenerse los datos necesarios.
Presentación	Períodos que cubre, gráficos auxiliares, etc.
Observaciones	Comentarios o consideraciones sobre el objetivo buscado.

Tabla 4.2. Identificación y descripción de los indicadores

Fase II. Definición del estado actual del proceso de madurez de la empresa

La definición del estado actual del proceso del S&OP en la empresa está compuesto por las siguientes tres actividades: 1) Analizar el estado actual del proceso de madurez de la empresa, 2) Revisar y aplicar la auditoría del proceso de Michael Hammer y 3) Describir recomendaciones y propuestas de mejora para el proceso de desarrollo e implementación.

1. Para definir el estado actual del proceso de madurez de la empresa, relacionado con las actividades que se realizan en un proceso del S&OP – IBP, puedes utilizar el modelo de Larry Lapide del MIT. En el diagrama 4.1 que se muestra enseguida se describen cuatro procesos: Marginal, Rudimentario, Clásico o Ideal. Selecciona, en

conjunto con los actores clave de tu organización, el que mejor se ajuste a tu realidad actual y define cuál es tu objetivo, así como el tiempo para lograrlo.

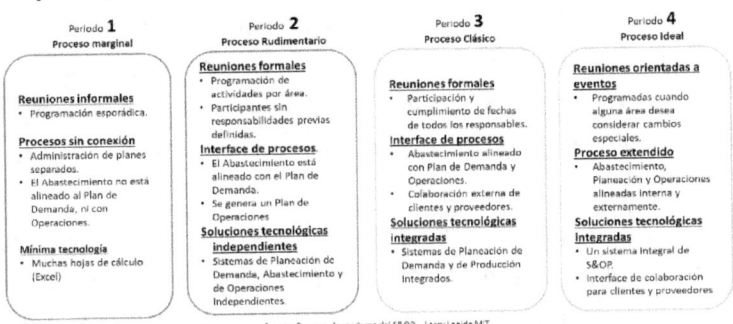

Diagrama 4.1 Proceso de madurez del S&OP

2. Para realizar, aplicar y analizar los resultados de la auditoría del proceso de Michael Hammer, que tiene como objetivo entender, planificar y evaluar las iniciativas de transformación basadas en procesos, es necesario que, en conjunto con los actores clave de tu empresa, completen el cuestionario que se muestra en la siguiente liga:
https://www.dropbox.com/scl/fi/acxu75c2zxdmzgv8j5ktx/El-Modelo-de-Madurez-de-Proceso-y-de-Empresa-MMPE-Michael-Hammer.xlsx?rlkey=nms8gr30ooudjy32jjsmy2s7y&st=jk1e59f8&dl=0.

En dicho cuestionario podrás observar 5 facilitadores de proceso: 1) *Diseño*. Es la amplitud de la especificación de la forma en la que se ejecuta el proceso, 2) *Ejecutores*. Personas que ejecutan el proceso, 3) *Responsable*. Identificación de un alto ejecutivo como responsable del proceso y sus resultados, 4) *Infraestructura*. Se refiere a los sistemas de información y gestión que apoyan el proceso, y 5) *Indicadores*. Mediciones que utiliza la empresa para rastrear el desempeño del proceso. De acuerdo con los resultados obtenidos, observa los que tiene en color verde, amarillo y rojo. Los de color verde no impiden el desarrollo y fortalecimiento del proceso, los de color amarillo tienen mucho por hacer y mejorar, y los de color rojo están deteniendo el avance de una forma significativa.

3. El tercer paso consiste en describir recomendaciones y propuestas de mejora para el proceso de desarrollo e implementación, además de responder a las siguientes preguntas: ¿En cuál de los procesos descritos por Larry Lapide te identificas como empresa? ¿Cuáles son las acciones que tomarás para mejorar la posición actual de ese proceso de madurez? ¿La auditoría de procesos de Michael Hammer realmente mostró el estado actual de tu organización con los 5 facilitadores? ¿Cuál es el plan para los que están en color rojo, y qué harás con los de color amarillo?

Fase III. Definición y propuesta de la ruta de trabajo y la línea de tiempo para la puesta en marcha del proyecto de S&OP-IBP

Establecer la ruta de trabajo será un paso fundamental para la definición y alineación de los planes, los que se ampliarán más en el capítulo 8, que deberán formar parte del proyecto de S&OP-IBP. Para ello será necesario responder a las siguientes preguntas:

1. *Información.* ¿Qué tipo de información existe actualmente en cada plan?, ¿cuál es el nivel de competitividad que se quiere lograr?, y ¿cómo encajan cada uno de los planes en el proceso del S&OP?
2. *Objetivos.* ¿Cómo se alcanzarán los objetivos?, ¿qué actividades se realizarán para cumplirlos?, y ¿cómo encajarán los objetivos en el proceso del S&OP.
3. *Responsables.* ¿Quiénes son los responsables de cada proceso?, ¿qué recursos de información se tienen actualmente?, y ¿cómo se alineará la información en el proceso del S&OP?
4. *Plazos.* ¿Cuáles son las etapas que realizarás dentro de tu proyecto?, ¿cómo estarán distribuidos los tiempos y fechas de cada etapa?, y ¿cuál será el método de control de cada una de ellas para integrarlas dentro del proyecto del S&OP?

Para crear la ruta de trabajo, deberás contar con un cronograma, y una línea de tiempo, para controlar las entregas de las actividades del proyecto. Implica un proceso continuo en el ciclo de vida de él. Para ello deberás definir los siguientes cuatro pasos a la hora de crear una plantilla de hoja de ruta efectiva de tu proyecto:

1. *Estructurar el programa del proyecto.* Definir la fecha de inicio y de terminación. El programa del proyecto es útil para garantizar que habrá un cronograma razonable para las entregas y los logros
2. *Definir la gestión de entregas y los logros.* Esto te ayudará a llevar control de las actividades planteadas, así como el cumplimiento de ellas.

3. *Crear dependencias de tareas.* La definición de la dependencia de tareas es un proceso útil para establecer los tiempos de finalización para poder iniciar otra.
4. *Definir los riesgos potenciales.* La gestión de los riesgos es el proceso de identificación y evaluación, y la creación del plan para disminuir o controlar esos riesgos junto con el efecto que podrían tener en la empresa.

Existen una gran cantidad de software para llevar el control de tu proyecto de S&OP, tales como ASANA o Microsoft Project. En cualquier caso, si tienes o no algún sistema como los anteriores, lo que he descrito en este capítulo te ayudará significativamente a fortalecer el control de él, pero no olvides que lo más importante serán los resultados que obtengas del proceso del diagnóstico y las acciones que realices para tu proyecto.

La primera de ellas es la construcción del Plan de Demanda que describo en el siguiente capítulo.

5. EL 1ER PASO DEL S&OP. LA PLANEACIÓN DE LA DEMANDA

I. La gestión, el proceso, y la función del pronóstico de la Planificación de la Demanda.

1. La gestión de la Planificación de la Demanda

Gestionar se refiere a la actividad de coordinar los recursos disponibles para conseguir determinados objetivos. Implica identificar las interacciones entre el entorno, las estructuras, el proceso y los productos. La gestión de la planificación de la demanda es la coordinación de las actividades clave que afectan los requerimientos de los clientes, incluyendo la creación, generación y reposición de ésta. Se enfoca en el desarrollo de planes, esquemas o estrategias que afectarán la demanda en el futuro.

Planificación y administración de demanda

El proceso de la planificación de la demanda integra principalmente las actividades de 1) identificación de las fuentes de generación de demanda, 2) la gestión de la administración de la demanda y 3) la de planificación de la cadena de suministro.

La primera actividad se realiza por medio de herramientas estadísticas, que podrás encontrar en mi libro "El manual de Pronósticos y Planeación". Dichas herramientas analizan la historia del consumo y es la base para la generación de un pronóstico. Incluye el uso de series de tiempo para identificar patrones de comportamiento y las causas que generan un efecto en el comportamiento de la demanda tales como condiciones económicas, climatológicas, competencia y promociones, entre otras. Por ejemplo, la actividad de generación de pronósticos valida los posibles impactos respecto al abasto o limitantes de capacidad de producción.

La segunda actividad, relacionada con la gestión de la administración de la demanda, incluye las decisiones de mercadotecnia e innovación del producto y su ejecución en tiempo real, con seguimiento puntual de los resultados para asegurar la calidad en la administración y el manejo real de demanda, una vez que los pronósticos se vuelven un número oficial en la organización.

Por último, la tercera actividad involucra el balance de la demanda y el abastecimiento entre los ciclos de pronóstico y planificación. Por ejemplo, si la planificación de la demanda y la generación de pronósticos se realizan de forma mensual, la administración de la demanda necesita satisfacer los requerimientos que se generan entre la demanda y el abastecimiento de forma diaria o semanal dentro de cada mes.

Estas actividades son alimentadoras y antesala del proceso de la planificación de la cadena de suministro. En ésta, el conjunto de elementos que funcionan para la generación del suministro se enfoca en generar los recursos que satisfagan una demanda y servicio esperados (inventarios de seguridad, programación óptima de producción, compra adecuada de materiales, entre otros).

La Administración de la Cadena de Suministro y la Planificación de la Demanda

La Administración de la Cadena de Suministro (SCM, por sus siglas en inglés) es la integración de los procesos clave de negocio desde los usuarios finales a través de los proveedores primarios que suministran productos, servicios e información que agrega valor para los clientes y los otros involucrados. Para que esa cadena de suministro funcione adecuadamente, es necesario sincronizar información desde clientes hasta proveedores para convertir dicha información en producto que satisfaga las necesidades del mercado.

En una cadena de suministro en donde la información fluye casi en tiempo real, se requiere de un proceso que planee el comportamiento de la demanda hacia futuro, y en función a ello, formular estrategias a lo largo de la cadena que transforme y asegure la disponibilidad de producto y el servicio esperado por los clientes.

El proceso que determina y pronostica cuál será la demanda a futuro de un producto determinado, y en un lugar determinado, es el de Planificación de la Demanda. Dicha planificación es también la visión interna de la compañía, define los recursos se requieren en términos de inventario, mano de obra, materiales, tiempo y capacidad para satisfacer la demanda real.

Este proceso, que puede ser considerado el más importante dentro de la cadena de suministro, requiere de una gran precisión y para ello es necesario:

1. Tener información clave de tendencias históricas del comportamiento de la demanda, y sincronizar

adicionalmente información de otras variables internas y externas como eventos de promoción, estrategias de ventas, acciones de competencia, escenarios económicos, incrementos de precios y lo que genere un impacto en el comportamiento futuro de la demanda.

2. Plantear la hipótesis del negocio que explique la historia reciente, diagnosticar el estado del negocio en el mediano plazo y decidir acciones que permitan construir el futuro deseado en dicho horizonte para la empresa.

3. Producir acciones efectivas coordinadas (figura 1.1) a lo largo de la cadena, y procurar el óptimo aprovechamiento de los recursos de una manera eficiente. La planificación entonces debe ser eficaz y eficiente.

La planificación de la demada genera acciones **coordinadas** lo largo de la cadena para asegurar la disponibilida de los bienes y servicios a lo largo de ella	• EFECTIVIDAD
También tiene como objetivo buscar el aprovechamiento **óptimo** de los recursos puestos a disposición de la organización	• EFICIENCIA

Figura 1.1. La planificación de la demanda eficiente y eficaz.

Para que una cadena de abasto funcione adecuadamente, es necesario sincronizar información desde clientes hasta proveedores para convertir dicha información en productos que satisfagan las necesidades del mercado. La información más importante, que fluye a lo largo de la cadena de abasto, es la relacionada con la demanda, que significa la cantidad de producto que los clientes consumirán en un momento determinado.

Una vez que el proceso de Planificación de la Demanda integra la información en diferentes ciclos de tiempo (puede ser diaria, semanal, mensual, etc.), la cadena de abastecimiento comenzará a operar, coordinando a todos los elementos a lo largo de ella para satisfacer esa demanda esperada.

2. El proceso de la Planificación de la Demanda

El proceso de Planificación de la Demanda implica trabajo en equipo de todas las áreas de la organización, entre las que sobresalen: Comercial, Mercadotecnia, Abastecimiento, Inventarios y Almacenes, Logística y Producción. La interacción de dichas áreas genera información muy valiosa para la construcción de un pronóstico base, integrar las iniciativas de cada una de ellas, consensuar, comunicar y medir la efectividad del pronóstico.

¿Cuál es el objetivo principal?

El proceso de planificación de demanda busca anticiparse a la demanda del mercado, pronosticando cuánto, qué y en dónde podrían venderse los distintos productos. Para ello es necesario tener información de las condiciones actuales de la cadena de suministro y las variables clave que proporcionan información sobre costos de producción, precios, insumos, entre otros. Con esta información, y reunidos los involucrados claves, se puede llegar a un número acordado en consenso, para emitir el pronóstico final.

El objetivo principal es generar un pronóstico certero y confiable, identificando tendencias del mercado, así como predecir cambios en los patrones de consumo de los clientes.

Pasos principales en el proceso de Planificación de la Demanda.

Existen diferentes formas para formular el pronóstico, a continuación, se describen cinco de pasos sugeridos para garantizar una calidad medible en la ejecución de éste, y se amplían en la 2ª parte de esta guía.

Paso 1. Pronóstico base. Este pronóstico debe generarse por métodos estadísticos confiables, y si es necesario hacer uso de herramientas tecnológicas que permitan el análisis de grandes volúmenes de información. No existe una definición precisa de la cantidad de información que se requiere, pero es recomendable contar con al menos tres años de información en forma mensual. El pronóstico base es generado analizando y proyectando la tendencia natural de cada producto, considerando las variables clave internas y externas, así como un factor de crecimiento definido previamente por la organización.

Paso 2. Integración. Una vez que se tiene un pronóstico base, es necesario integrar todas las iniciativas de otras áreas tales como: promociones, eventos especiales, impulsos estratégicos, así como aquellas que se consideren provocarán una variación de la demanda esperada mayor que el pronóstico estadístico base o un factor de crecimiento previamente establecido. Para realizar este paso es indispensable que las áreas de Innovación, Mercadotecnia y Ventas participen integrando toda la información de volumen para cada producto que se verá afectado por cada una de las estrategias mencionadas.

Paso 3. Consenso. El consenso se genera en reuniones para fijar acuerdos y pueden variar en frecuencia: diaria, semanal o mensual; según sea necesario. Éstas pueden ser realizadas entre las áreas descritas en donde se evalúan las variaciones del pronóstico base de cualquier producto. Con lo anterior se logra definir un pronóstico final de dichos productos, minimizando el riesgo de protección de algunas de las áreas y eliminando las decisiones unilaterales que afectarían el desempeño del proceso.

Paso 4. Comunicación. Una vez concluido el proceso de consenso, se determina un pronóstico sin restricciones, el cual entrará en operación en el siguiente periodo. Para ello es necesario realizar un proceso de comunicación formal sobre cuál será el pronóstico de demanda bajo el cual se estará trabajando, así como se lleva a cabo el proceso de formalizar el arranque de las estrategias para el resto de los planes. Las herramientas tecnológicas también son muy útiles en el proceso de alimentación del pronóstico en el sistema de planificación de la Cadena de Abastecimiento para el inicio de la ejecución de ella.

Paso 5. Medición y Retroalimentación. Para medir el desempeño de este proceso se sugiere medir la cantidad de error en el pronóstico, versus la demanda real para cada producto (es decir incluir el error de haber pronosticado una demanda esperada). El propósito es coordinar y controlar todas las fuentes de demanda para que el sistema productivo pueda usarse de manera eficiente y para que el producto se entregue a tiempo.

La mejor estrategia de planificación es aquella que entiende y considera las características de la demanda de los productos y su complejidad. Debido al impacto que el inventario tiene en toda la cadena, éste debe ser un proceso crítico de negocio que asegure un mantenimiento adecuado de los sistemas que lo administran.

El proceso de planificación debe ser, como el de la cadena de suministro, maximizar el servicio al cliente optimizando los recursos y capacidades que la empresa dedica para ello. Una definición correcta de la estrategia de inventarios es un elemento clave para el logro de dichos objetivos.

3. La función del pronóstico en la Planificación de la Demanda

El Pronóstico y la Planificación de la Demanda agrupan la mayoría de los elementos que influencian la demanda independiente de bienes o servicios. Entender las estrategias internas de los canales, marcas, clientes y productos, y la identificación de las variables externas como eventos, promociones o estacionalidad, contribuye a mejorar políticas, procesos, sistemas y técnicas. El objetivo es mejorar la precisión del pronóstico para que impacte en la rotación y los niveles de inventarios, en los niveles de servicio a clientes, elimine los faltantes y reduzca el tiempo de reabastecimiento.

La función del pronóstico

El pronóstico es un componente crítico del plan de demanda, pues dispara el resto de los procesos en la Cadena de Suministro, y además ayuda a definir con mayor precisión los niveles de inventario.

La gran trascendencia de esa precisión (figura 1.2) es que contribuye a definir la estrategia, la táctica y la operación necesarios por tipo de empresa. Un pronóstico más certero, da como resultado: Incremento en los niveles de servicio a clientes, reducción de costos de manufactura, almacenamiento y transporte, así como niveles de inventario balanceados.

Planeación de Ventas y Operaciones (S&OP-IBP)

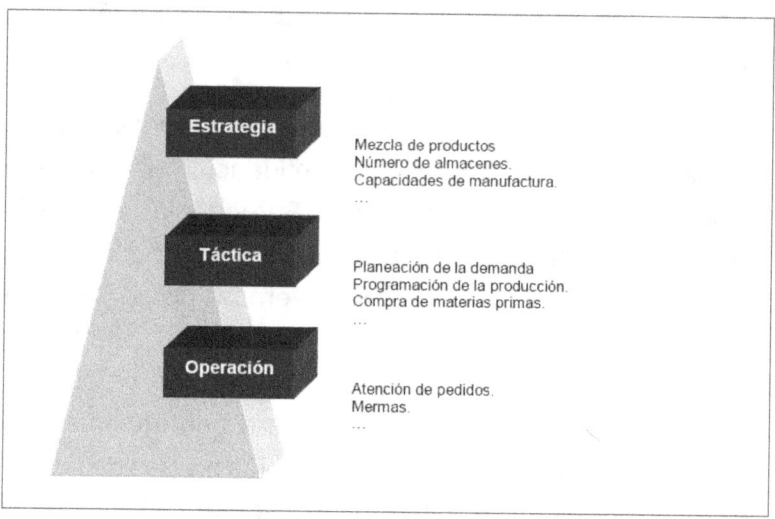

Figura 1.2. La trascendencia de los inventarios

El pronóstico es un proceso de estimación de un acontecimiento futuro proyectando datos del pasado. Estos, se combinan sistemáticamente en forma predeterminada para hacer una estimación de lo que vendrá. La predicción es un proceso de estimación de un suceso basándose en consideraciones subjetivas diferentes a los simples datos provenientes del pasado; estas consideraciones subjetivas no necesariamente deben combinarse de una manera predeterminada. Es decir, cuando no existen datos del pasado, se requiere una predicción, y de lo contrario, se necesita un pronóstico.

Los pronósticos son la base de la planificación corporativa a largo plazo. El personal de producción y de operación utiliza pronósticos para tomar decisiones periódicas con respecto a la selección de procesos, a la planificación de la capacidad, a la planificación de la producción, a la programación de actividades y al inventario.

Podemos diferenciar dos tipos de pronósticos: pronósticos detallados para un artículo específico que se emplean para planear a corto plazo, y en el otro extremo se requieren pronósticos globales sobre las demandas de productos en un horizonte de tiempo mucho más lejano. Se deben utilizar diferentes horizontes de tiempo según la información que se necesite para los distintos tipos de decisiones de planificación.

El horizonte de planificación

Cada horizonte de tiempo, dentro de la planificación de la demanda, tiene un objetivo específico: Planear a corto (semanal o mensual, mediano (trimestral) y largo plazo (anual o cada tres años):

1. La planificación de un horizonte de tiempo semanal o mensual permite determinar la estrategia de colocación de producto en cada uno de los puntos de inventario. Determina en dónde y cuándo se espera una demanda para un producto en específico.

2. La planificación de la demanda en un horizonte de tres meses permite, por ejemplo, determinar la estrategia de compra de materiales para satisfacer una demanda esperada a futuro. Ello se debe a que en ocasiones los tiempos de repuesta de los proveedores son tales, que se requiere pronosticar con períodos de tiempo medio para coordinar la entrega y ubicación de los materiales en cada planta.

3. Una planificación de la demanda a más largo plazo (anual o cada tres años) permite determinar los requerimientos de inversión en capacidades o líneas

de producción con un estimado de proyección respecto a las demandas futuras esperadas. Este tipo de horizonte representa una decisión de tipo más estratégica para la compañía.

Métodos y selección de la técnica de pronósticos

Seleccionar una metodología de pronóstico no es una tarea sencilla. En mi libro "El manual de Pronósticos y Planeación" encontrarás técnicas de series de tiempo y modelos de análisis de regresión. Los primeros buscan simplemente extrapolar hacia el futuro los patrones de los datos del pasado. La base de tales métodos consiste en que en una serie de tiempo existen fuerzas de inercia que hacen que la serie de tiempo se repita al menos en el período que se quiere pronosticar. El otro método, causal o explicativo, incluye los de regresión y los econométricos. Tales métodos pretenden dar respuesta a interrogantes basados en supuestos de hechos.

Por otro lado, los recientes avances en procesos de planificación han sido focalizados en captar el impacto que producen en la demanda los cambios de precios y promociones, la introducción de un nuevo producto, la obsolescencia o racionalización de un producto, la intermitencia de la demanda, así como la fusión de los mercados. Este grupo de procesos se caracteriza principalmente por aplicaciones que permite que las compañías pronostiquen la demanda de productos basados en las ventas históricas, los patrones estacionales, inteligencia de mercado, indicadores, etc.

Los pronósticos también se realizan de manera intuitiva o formal. El pronóstico intuitivo se refiere a los procesos que son subjetivos para el planificador o para el que toma decisiones. Si una persona realiza un pronóstico es vulnerable a los diversos sesgos generados por la estimación subjetiva o estimación a criterio. Por otro lado, los métodos formales son aquellos que pueden describirse, y que cuando los aplican diferentes individuos, proporcionan un pronóstico similar. Por tanto, una diferencia significativa entre estás formas de pronosticar está en el grado en el que se puedan repetir los resultados de los pronósticos.

Sin embargo, el cambio hacia formas más explícitas y formales tiende a conducir hacia mejores importantes en el desempeño de los pronósticos. De cualquier modo, es necesario conocer las posibilidades y las limitaciones de las técnicas existentes, de tal forma que se tengan expectativas realistas en la evaluación de los resultados.

Desafortunadamente uno de los problemas de las metodologías anteriores, es que los patrones o comportamiento en los que se basan se calculan con base en datos históricos. Si estos cambian —lo que siempre sucede— disminuye significativamente la precisión del pronóstico. Más aún, cuando el propósito principal del pronóstico es proporcionar un mejor conocimiento del ambiente y de los factores causales que actúan sobre él, la precisión pasa a segundo término.

Además, es necesario agregar y considerar las siguientes variables para la selección de un pronóstico:

1) El pronosticador y el que toma las decisiones

En la elaboración de un pronóstico, de manera general, el pronosticador informa al responsable de la toma de decisiones las consecuencias de un conjunto de planes previstos y para ello emplea cierta información. El pronosticador adoptará un procedimiento específico tomando en cuenta el costo de las diversas posibilidades, el tiempo disponible antes que se necesite el pronóstico y alguna idea de la precisión probable de los métodos que puede aplicar en forma competente.

Pero los puntos de vista del pronosticador y el que toma las decisiones por lo general difieren. El pronosticador es demasiado técnico, no entiende los problemas del que toma las decisiones y rara vez maneja los costos de manera adecuada. Mientras que éste último, entiende poco de los aspectos técnicos del pronóstico.

En ambos casos, si el resultado del pronóstico no es de su entera satisfacción, lo modificarán usando fuentes alternativas de información y emitirán una recomendación. Lo anterior podrá reducir su efectividad si no se toman en cuenta los supuestos ocultos de las diferentes partes de la organización que influirán en cualquier variable que se considere crucial.

2) Las divisiones de la organización

En muchas organizaciones el pronóstico de las mismas variables se elabora por diferentes divisiones de la organización. Con frecuencia el resultado del pronóstico de mercadotecnia (optimista) no es el mismo que el de contabilidad (pesimista), lo que en la mayoría de las veces conduce a pronósticos y errores diferentes. Dichas aseveraciones nos llevan a suponer que las relaciones entre la función de pronósticos y la toma de decisiones son débiles en muchas organizaciones, entonces ¿cuáles son los diseños corporativos más favorables para hacer coincidir a los dos?

3) La calidad de los sistemas de información

Cualquier procedimiento de pronóstico tiene como premisa que la información está disponible y es de fácil acceso, desafortunadamente en muchas empresas no llevan registros adecuados y ni siquiera siguen un método consistente de información propia y por lo tanto sus pronósticos no son lo más adecuados. Es claro que la recopilación adecuada y rutinaria de datos es fundamental para la toma de decisiones.

4) Las variables clave

Un elemento adicional es la selección de aquellas variables que afectarán significativamente el comportamiento del pronóstico. Muchos administradores se confunden por las diferencias existentes entre pronósticos, presupuestos planes y objetivos. Mientras que el pronóstico está asociado con la incertidumbre, los planes y objetivos son resultados deseados claros y específicos. El problema de esta confusión es que aquellas variables que deberían considerarse como dependientes del pronóstico, son consideradas como fijas y constantes (flujo de efectivo, volumen de ventas, precio, financiamiento, etc.) y que por tanto no cambian a través del tiempo.

5) Costos y beneficios del mejoramiento de los pronósticos.

La sensibilidad que tienen aquellas decisiones a los errores de pronósticos también fija un tope en los gastos del pronóstico. Si un error del 10% en el pronóstico de ventas de un producto causa incrementos en los costos (y por consecuencia una pérdida de rendimientos) por $100,000 unidades monetarias, vale la pena invertir hasta esa cantidad para eliminar ese error del 10% en el pronóstico. La mayor precisión es una función de los gastos que se efectúan para el pronóstico, en tanto que el beneficio que se obtiene también es una función de mayor precisión.

6) Selección de un procedimiento para pronósticos.

¿Entre más complicado mejor? No es fácil encontrar reglas sencillas mediante las cuales el pronosticador podrá seleccionar el método que le permitirá lograr el nivel de precisión deseado. Así mismo parece no razonable probar todos los métodos posibles, salvo que se trate de un proyecto demasiado importante. Por otro lado, y aunque resulte paradójico, no es recomendable limitar nuestros análisis a un número reducido de métodos de pronóstico.

7) Evaluación de los métodos de pronóstico

No es posible confiar en un solo método para obtener los mejores pronósticos, cada uno tiene sus ventajas y desventajas. En la tabla 1.1 se describen los principales métodos utilizados para pronosticar, y se identifican con las letras J (Juicio), E (Extrapolativos) y C (Causales) Además, se puede apreciar en la tabla que las desventajas exponen la dudosa efectividad del pronóstico en todos los casos expuestos.

ID	Método	Ventajas	Desventajas
J1	Pronósticos individuales	Económico y flexible	Precisión dudosa
J2	Pronósticos comité/encuestas	Relaciona diferentes perspectivas	Puede dominar una voz fuerte, es más caro que el individual.
J3	Delphi	Relaciona diferentes perspectivas en forma anónima.	Complicado, existe presión para lograr el consenso.
E1	Análisis de la curva de tendencia	Fácil de aprender, usar y comprender.	Demasiado fácil y propicia el descuido especialmente a largo plazo.
E2	Métodos de descomposición	Creíbles por intuición.	No tiene explicación estadística.
E3	Atenuación exponencial	Fácil de operar en computadora, económico, de fácil acceso y aplica a un gran número de productos.	Sin base teórica, pierde los puntos críticos y son imprecisos.

E4	Modelos de Box & Jenkins (ARIMA)	Basado en el principio de la parsimonia: cuánto más simple mejor.	Complicado y difícil de entender y caro por el uso de tiempo computadora.
E5	Modelos Bayesianos	Trata de incluir la probabilidad e información subjetiva y es económico.	Complicado, se conoce muy poco del su funcionamiento.
C1	Modelos de Regresión	Son ideales para identificar variables críticas.	Son difíciles de desarrollar y requieren de un gran conocimiento estadístico.
C2	Modelos de sistemas simultáneos	Captan interrelaciones entre diferentes sistemas sociales y económicos.	Grandes requerimientos de datos, difíciles de entender, complicados y caros.
C3	Modelos de Simulación	En forma adecuada pueden ser de gran ayuda.	Caros y requieren una gran cantidad de datos

C4	Modelos de entrada y salida	Ideal para pronosticar productos industriales	Costosos y con alto nivel de obsolescencia
C5	Análisis de impacto cruzado	Capaz de tratar eventos improbables que pueden ocasionar un gran impacto.	Las probabilidades se estiman por métodos de criterio

Tabla 1.1. Ventajas y desventajas de los métodos de Pronóstico. Fuente: Fildes R., "Elaboración de Pronósticos: Principios" Manchester Business School, 1989.

Como lo hemos revisado, en lo párrafos anteriores, el proceso de la construcción de un Plan de Demanda está relacionado con la actividad de coordinar los recursos disponibles para conseguir los objetivos de la organización, la forma de operar que deberán tener las áreas clave de la organización, y la función del pronóstico para identificar los elementos que influencian la demanda dependiente e independiente.

Una característica del pronóstico, acerca de su papel y su estado actual, se relaciona con el tema de la incertidumbre en la planificación y en la toma de decisiones. En realidad, la capacidad del pronóstico de reducir la incertidumbre es limitada por la sencilla razón de que ésta existirá independientemente de lo que hagan los planificadores y los que toman las decisiones.

La formulación del problema y la recolección de datos se tratan como un paso único, debido a que están íntimamente relacionados. El problema es determinar los datos adecuados. La tarea de obtener y recopilar dicha información es desafiante y consume mucho tiempo. Si no se dispone de los datos adecuado se tendría que emplear una metodología no cuantitativa de pronóstico.

En cualquier caso, será necesario diseñar tu propio proceso, que se convertirá en un Plan de Demanda que deberá contener: 1) Los elementos principales del plan, 2) El proceso de la integración del pronóstico, 3) La identificación de los procesos críticos, y 4) Los indicadores clave.

II. Los elementos principales del plan, el proceso de integración del pronóstico, la identificación de los procesos críticos y los indicadores clave.

En esta sección, para que sea útil como una guía práctica, podrás encontrar ejemplos de los pasos necesarios para diseñar y construir tu propio proceso de Planificación de la Demanda. Se detallan los siguientes puntos esenciales para la generación de tu plan: 1) Los elementos principales, 2) El proceso de la integración del pronóstico, 3) La identificación de los procesos críticos, y 4) La generación de los indicadores clave (ver figura 5.1).

Figura 5.1 Mapa conceptual para el diseño del Plan de Demanda.

1. Los elementos principales del Plan

Los elementos principales del Plan están relacionados con la descripción de los siguientes pasos: 1) El análisis de la demanda, 2) La estructura del análisis, 3) El marco del pronóstico y 4) la forma de validación y el consenso.

1.1 El análisis de la demanda

En este paso deberás identificar las variables principales, el número de ellas dependerá de cada empresa, se describe un ejemplo como guía de trabajo. (Nota. Si quieres aprender la forma de seleccionar las variables más importantes, puedes consultar el capítulo de "Análisis de Regresión" en mi libro de "El manual de Pronósticos y Planeación").

En este paso también será necesario determinar el mercado objetivo y el estado actual de la empresa, así como definir la problemática inicial que se incluirá en el proceso de planificación.

a) Variables principales:
- Ejemplo de variable principal: Promociones
- Componentes: Definición de la variable y forma de medición (cualitativa o cuantitativa)
- Fuentes de variación: Mes de la promoción, tipo de promoción, medición del resultado (indicador) de la promoción, etc.

b) Determinar el mercado objetivo y el estado actual de la empresa.
- El mercado objetivo se refiere al tipo de clientes, zona o región en donde el producto se pretende comercializar.

- El estado o estatus actual es, por ejemplo, describir la estadística actual de ventas o posicionamiento en el mercado y lo que le falta para llegar al objetivo.

c) Definir la problemática inicial a resolver:
En esta sección deberás definir, de manera general, la problemática que pretendes resolver, por ejemplo: reducir u optimizar sus inventarios en determinado porcentaje, mejorar la rentabilidad, medir la efectividad de las promociones, entre otros.

1.2 La estructura del análisis

Después de haber definido la forma en la que se analizará la demanda, el siguiente paso es determinar la jerarquía y forma del pronóstico, delimitar los resultados y la información disponible que existe para la generación del pronóstico.

a) Por ejemplo, para definir la jerarquía y estructura del pronóstico será necesario seleccionar la combinación necesaria de una lista no exhaustiva de:

- Producto (familia, marca, y/o presentación) y de cliente (sector, canal, o región).
- Fuerza de ventas (vendedor, supervisor o delegado).
- Estructura organizacional (área de ventas, división o sociedad).
- Estructura operacional (ruta, centro, delegación o planta).
- Estructura comercial (cliente, canal o central).

b) También será útil para el plan, delimitar la geografía (dónde) y el horizonte de planificación (días, semanas, meses o años) para la generación del pronóstico.

c) Identificar la información disponible (bases de datos internas y externas) será clave para el diseño del Plan.

1.3 Marco del pronóstico (Método Científico)

Después de los dos pasos descritos con anterioridad, el uso del Método Científico, en esta parte del proceso, ayudará a representar la realidad con mayor precisión de una manera rigurosa y objetiva con base en lo siguiente:

a) <u>Definir el problema principal.</u> En este paso se reescribe o se mejora la problemática definida en el numeral 1.1.c, de esta guía.

b) <u>Proponer hipótesis de solución.</u> El objetivo es describir o proponer una solución a la problemática definida.

c) <u>Determinar la metodología de trabajo.</u> Es la forma en la que se desarrollará en proceso para darle solución a la problemática expuesta.

d) <u>Establecer el proceso de validación.</u> Es el proceso de comparación, en el tiempo, de los resultados obtenidos (pruebas piloto)

e) <u>Seleccionar el formato del contraste.</u> El objetivo es definir la forma con la que se comprobará la hipótesis de solución.

A manera de ejemplo se describe el uso del Método Científico de la siguiente manera:

a) Definición del problema.
    i. Altos niveles de inventario por región, categoría, familia, sku.
    ii. Baja precisión del pronóstico por región, categoría, etc.
    iii. Bajos niveles de servicio.
    iv. Incumplimiento en los tiempos de entrega
b) Hipótesis de investigación
    i. El uso de modelos causales mejora la precisión del pronóstico y reduce el inventario en XX%
    ii. La aplicación de métodos de series de tiempo mejora la precisión y reduce el inventario en XX%
c) Metodología de la investigación (Métodos de series de tiempo)
    i. Metodología de la investigación (Métodos de series de tiempo).
    ii. Búsqueda y selección del método de pronóstico.
    iii. Realizar el pronóstico en el horizonte de tiempo seleccionado.
    iv. Obtener la precisión del modelo (MSE, RMSE, MAPE o MPE)
    v. Interpretar los resultados.
d) Validación
    i. Prueba del modelo con información anterior.
    ii. Comparación con otras técnicas (Promedio).

e) Contraste
   i. Revisión de la hipótesis con resultados reales.
   ii. Medidas de precisión (Forecast Accuracy, MAPE, o RMSE).

1.4 Validación y consenso

El paso final, al menos en esta parte del proceso, es decidir la estructura de validación del plan y el formato del consenso. El propósito es establecer una ruta de trabajo (con fechas y responsables) que valide los resultados de las actividades de los principales involucrados en el proceso. En cualquier caso, será necesario:

a) Diseñar un formato de acuerdos entre los participantes. El objetivo es tener formatos únicos, prácticos, y trasparentes que puedan ser consultados para medir la efectividad de las acciones tomadas durante los acuerdos o reuniones de trabajo.

b) Acordar el proceso de validación con las capacidades del suministro, producción y distribución. En este proceso el objetivo es decir el plan de seguimiento y validación de los indicadores definidos en el marco del pronóstico y las alternativas de solución a las variaciones encontradas.

2. Integración del pronóstico

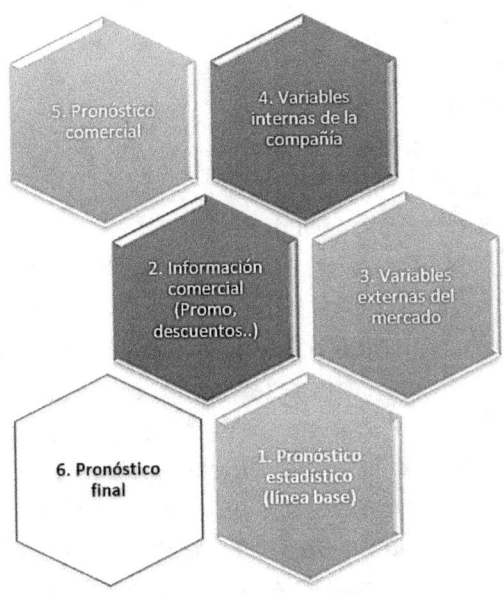

Figura 5.2 Estructura de integración del pronóstico.

En esta figura (2.2) se muestran las posibles variables, y escenarios, que se integrarán en el Pronóstico final (pronóstico colaborativo) y modificarán los resultados del Pronóstico estadístico. El orden, o la secuencia, de la modificación será definido por cada organización, pero siempre se iniciará con el Pronóstico estadístico o línea base. A continuación, una breve definición de cada uno de ellos:

1. *Pronóstico estadístico (línea base)*. Es donde inicia el proceso de integración. Este pronóstico captura la información necesaria para replicarla en periodos posteriores. Recoge la información histórica considerando: Tendencia, ciclos, estacionalidad (temporadas del año bajas y altas), número de días hábiles por período, entre otros. En caso de no haber

ninguna modificación, éste puede ser considerado el pronóstico final (lo que ocurre en muy pocas ocasiones)
2. *Información comercial.* Además del pronóstico estadístico, es necesario agregar: Inicio o fin de eventos, promociones, cambios en precios, entre otros factores que modifiquen el consumo, así como el Pronóstico estadístico.
3. *Variables externas del mercado.* Existen variables tales como la inflación, condiciones climáticas, cambios en las divisas, entre otras, que están afectando el comportamiento del consumo de tus productos o servicios. El objetivo es identificarlas para medir el impacto en el pronóstico inicial.
4. *Variables internas de la compañía.* Dentro de la empresa existen variables como quiebres o roturas de inventario, nivel de servicio por ítem, cambios de precios, número de puntos de venta, entre otros, que afectarán los pedidos solicitados por los clientes. Igual que el caso anterior, será necesario identificarlas para medir el impacto en el pronóstico inicial.
5. *Pronóstico comercial.* Este valor será uno de los más importantes a considerar que modificarán los resultados de la integración. El supuesto es que, cuando éste se genera, está considerando prácticamente todos los tipos de variables y pronósticos, antes descritos. Pero la realidad, difiere mucho de lo esperado. Por ello será necesario controlarlo y medirlo con mayor rigidez que el resto de ellos
6. *Pronóstico final.* Este es el pronóstico consensuado, también llamado pronóstico colaborativo. El objetivo

es que esté tan cerca de la realidad como el comportamiento del producto o servicio lo permita.

A pesar de las evidencias positivas encontradas en proyectos anteriores, el proceso de colaboración para la integración del pronóstico es complejo y enfrenta obstáculos que deben ser conocidos, anticipados y resueltos durante la implantación y la operación del proceso de Planeación.

3. Definición de procesos críticos

La definición de un pronóstico final, o colaborado, aún tendrá modificaciones por los procesos críticos del Plan de Demanda. Dichos factores, internos o externos a la empresa, deben ser identificados en forma clara ya que soportan o amenazan el logro de los objetivos de la organización e incluso su existencia.

Son características, condiciones o variables que, cuando están debidamente argumentadas, tienen un impacto significativo en el éxito de una empresa que compite en una industria específica. Concretamente afectan directamente a la rentabilidad, cambian y pueden ser predecibles.

También son puntos de apoyo para el apalancamiento de una organización hacia el logro de resultados exitosos. Son dinámicos en tanto dependen de la coyuntura de cada negocio y deben desdoblarse a distintos niveles de manera sincrónica, a fin de garantizar el equilibrio entre las exigencias internas y externas al sistema.

En el diagrama 5.1 se describen cuatro tipos de pronósticos que están siendo modificados durante el proceso de la Planificación de la Demanda y del Suministro: 1) El pronóstico estadístico base, 2) El pronóstico de demanda sin restricciones, 3) El pronóstico de consenso, y 4) El pronóstico de demanda final.

En el primer tipo de pronóstico, denominado pronóstico estadístico base, el proceso crítico que lo genera es la información disponible histórica, así como las variables que lo afectan y modifican. En algunos casos, debido a la falta de información histórica, así como la falta de identificación de variables, el pronóstico es simplemente un promedio de los últimos 3, 6 o 12 periodos.

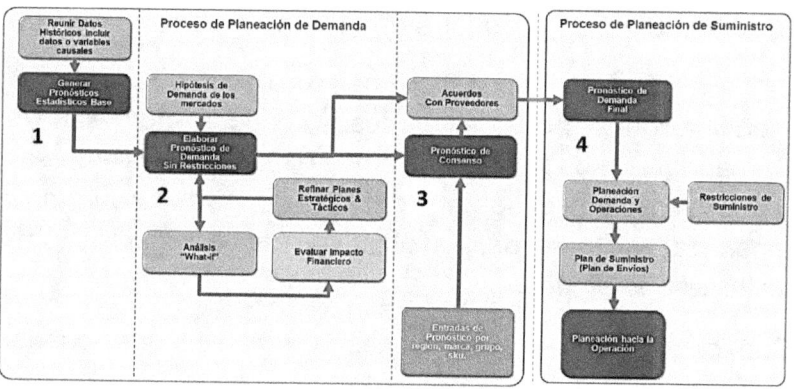

Diagrama 5.1 Integración de los procesos críticos de Planeación de la Demanda y del Suministro.

El segundo tipo de pronóstico es el que aún no tiene restricciones, además se ve influenciado por lo que se cree (hipótesis) que afectará su resultado, y será modificado por ello. También es útil para modificar planes, generar escenarios y evaluar el impacto financiero.

El tercero, el pronóstico de consenso es alimentado por el pronóstico sin restricciones, así como los pronósticos de otras áreas. Cuando está definido, se comparte con los proveedores para evaluar su factibilidad.

Planeación de Ventas y Operaciones (S&OP-IBP)

Por último, el Pronóstico de Demanda Final, recibe información de los proveedores y se comparte, por ejemplo, con la Planeación del Suministro, para planear entregas y llevarlo a la operación indicada como final en el flujo del diagrama 5.1.

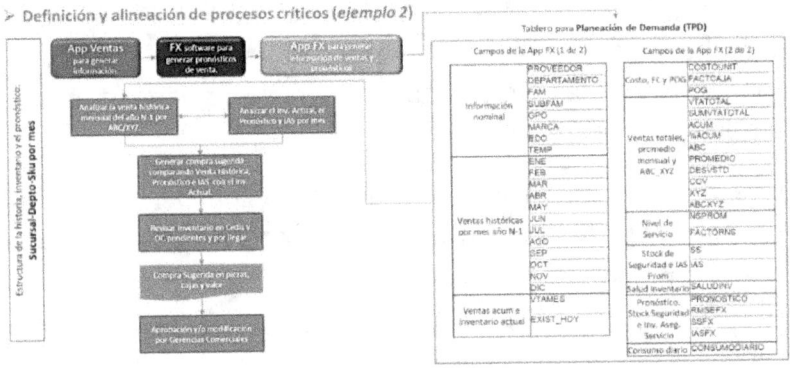

Diagrama 5.2 Ejemplo de procesos críticos de una empresa de venta al detalle

En el diagrama 5.2 se muestra un ejemplo de la forma en la que se alinearon los procesos críticos de una empresa de venta al detalle. Se definió la estructura del pronóstico en Sucursal–Departamento–Sku con frecuencia mensual y se generaron dos aplicaciones: App de Ventas y de FX (software utilizado para realizar los pronósticos en la empresa).

Con dichas aplicaciones, se diseñó un Tablero de Control para la Planificación de la Demanda (TPD) con más de 40 campos de información integrados en 10 grupos de variables: 1) Información nominal, 2) Ventas históricas por mes año N-1, 3) Ventas acumuladas e inventario actual, 4) Costo, Factor Caja y Planograma (POG), 5) Ventas totales, promedio mensual de ventas y clasificación ABC_XYZ, 6) Nivel de Servicio, 7) Stock de Seguridad e Inventario de Aseguramiento del Servicio (IAS) Promedio, 8) Salud

Inventario, 9) Pronóstico, Stock Seguridad e IAS del pronóstico y 10) Consumo diario.

Con esta información, los planeadores de la empresa analizaban las ventas históricas en forma mensual, comparaban los inventarios disponibles de cada ítem y generaban una compra sugerida en cantidad. Este valor lo revisaban con las órdenes pendientes por llegar y se compartía con las Gerencias Comerciales quienes tomaban la decisión final.

Este proceso, al inicio, tenía una duración de entre 3 y 5 meses, después de la alineación mostrada y explicada, el tiempo de análisis se redujo a 15 días.

6. DOS DIFERENTES MODELOS DE S&OP.

Uno de los caminos para iniciar con el diseño de tu propio proceso del S&OP, es conocer modelos de empresas de consultoría que presentan su propia propuesta. La comparación que te presento, en este capítulo, es por medio tablas descriptivas, una por cada empresa, y al final haré una conclusión de las similitudes y diferencias entre las dos. Estoy seguro que esa actividad también la podrás realizar de manera personal, y podrás ampliar lo que describo.

Como podrás observar en la Tabla 6.1, la empresa consultora 1 propone realizar cinco fases para la construcción de tu proceso del S&OP en un sentido vertical, como lo indica la flecha en línea punteada. Dichas actividades están compuestas principalmente por la información histórica del comportamiento de las ventas y la información clave de producción e inventarios que se utilizan para generar el proceso de la Planeación de Ventas. Con ello se genera el Plan de Operaciones. Posteriormente, existe un proceso para la revisión de las diferencias en las fases 1, 2 y 3. Por último, se presentan los resultados ante el equipo directivo para tomar decisiones que no se lograron en los pasos anteriores.

Fase	Descripción
1. Recolección de información histórica	• Ventas actuales, ventas negadas, devoluciones, niveles de servicio, y resultado de promociones, entre otros. • Niveles de producción, restricciones de capacidad, niveles de inventario, rotación, y tiempos de entrega, entre otros.
2. Planeación de Ventas	• Planeación de Demanda revisa la información de la Fase 1 y genera los pronósticos para los siguientes periodos. • El pronóstico generado es revisado por Ventas, Mercadotecnia y Desarrollo de Nuevo Productos.
3. Planeación de Operaciones	• Operaciones genera un plan de producción con base en la Fase 2, niveles de inventarios de MP, ME y PT y capacidades de producción
4. Reunión de Revisión	• Los gerentes clave se reúnen para revisar las diferencias entre las Fases 1, 2 y 3 para establecer planes de acción. Con esta información de ajustan los planes y se actualiza el plan de negocios de la compañía.
5. Reunión ejecutiva	• Presentación del resultado de los planes de la Fase 4 a Directores para tomar decisiones no contempladas en las fases anteriores.

Tabla 6.1. Descripción de las actividades propuestas del S&OP empresa consultora 1.

En la tabla 6.2, de la propuesta de la empresa consultora 2, se describen cuatro fases, en sentido horizontal, como lo indica la línea punteada, para que puedas construir tu proceso del S&OP. Las primeras dos están relacionadas con los procesos de Planeación de la Demanda y de Planeación del Abastecimiento, y las otras dos con reuniones de revisión: una operativa y la otra ejecutiva. Además, es necesario definir para cada una de ellas: el objetivo, la información que servirá de entrada, y de salida, para cada proceso, así como la definición de los indicadores y los que serán los tomadores de las decisiones en cada uno de los cuatro pasos.

	1) Reunión de Planeación de Demanda	2) Reunión de Planeación de Abastecimiento	3) Reunión de alineación Demanda y Abastecimiento	4) Reunión Ejecutiva
Objetivo	• Revisar y aprobar el Plan de Demanda a corto y largo plazo.	• Revisar y aprobar el Plan de Abastecimiento a corto y largo plazo.	• Alinear el Plan de Demanda con el de Abastecimiento a corto y largo plazo.	• Revisar y aprobar los objetivos financieros y operacionales a corto y largo plazo
Información de entrada	• Línea base estadística. • Pronóstico de Demanda. • Precios y promociones. • Productos transitorios.	• Plan de capacidades. • Objetivos de inventario. • Restricciones de abasto. • Compromisos de producción.	• Plan de Demanda • Plan de Abastecimiento • Impacto financiero inicial	• Alineación del Plan de Demanda con el de Abastecimiento. • Escenarios financieros.
Información de salida	• Participación de mercado. • Plan de ventas en volumen y margen. • Niveles de servicio. • Plan de Demanda.	• Flujo de efectivo. • Costos de manufactura. • Plan de producción en unidades. • Plan de Abastecimiento.	• Negociaciones entre Demanda y Abastecimiento. • Impacto financiero de los escenarios.	• Plan Financiero alineado con la participación de mercado, utilidad y flujo de efectivo.
Indicadores	• Error y sesgo del pronóstico. • Órdenes canceladas. • Fill Rate	• Logros del Plan de Producción. • Inventario vs. Plan	• Venta perdida ($) • OTIF (%) • Costos de emergencias.	• Utilidad, participación de mercado, margen, flujo de efectivo, pérdidas y ganancias.
Tomadores de decisiones	• Ventas, Mercadotecnia y Administración de Producto.	• Operaciones, Manufactura, Compras (abastecimiento)	• Finanzas, Ventas y Operaciones.	• Directores, y responsables de Unidades de Negocio.

Tabla 6.2. Descripción de las actividades propuestas del S&OP empresa consultora 2.

Diferencias y similitudes entre las dos empresas

Realizar este análisis estoy seguro que no será tan complicado para ti, pero no se trata de un ejercicio únicamente visual. El propósito es que puedas encontrar ventajas en el análisis de las dos propuestas y te ayuden a generar el propio para tu empresa. Enseguida describo lo que noto desde mi perspectiva.

Similitudes. Lo que observo es que en ambas propuestas, la información de ventas, así como la de producción y la el inventario disponible, son útiles para generar el Plan de Demanda. El Plan de Operaciones de la consultora 1 y el Plan de Abastecimiento de la consultora 2, tienen objetivos similares. Por último, en los dos casos hay reuniones previas operativas y ejecutivas.

Diferencias. La principal diferencia es que en la consultora 2, están definidas claramente las actividades para conocer el objetivo, la información de entrada y de salida, así como los indicadores y los tomadores de decisiones de cada una de las cuatro fases que se proponen para generar el S&OP.

Como lo describí al principio, no debe ser un ejercicio meramente visual. Es un ejercicio que te agregue valor y te ayude a construir tu propio Plan. La pregunta es ¿cómo hacer que ello suceda? ¿cómo definir las fases y actividades de tu proceso del S&OP? Más aún, ¿cómo extenderlo para convertirlo en un IBP?

Una herramienta que te será de mucha ayuda es el uso de los diagramas SIPOC que se describen en el siguiente capítulo. Además, en el capítulo 7 te describo siete pasos para construir tu proceso del S&OP.

7. LOS DIAGRAMAS SIPOC PARA CONSTRUIR UN PROCESO DE S&OP

El Diagrama SIPOC, por sus siglas en inglés *Supplier* (S) – *Inputs* (I) – *Process* (P) – *Outputs* (O) – *Customers* (C), es una representación gráfica de un proceso de gestión de alto nivel. Esta herramienta permite visualizar tus procesos de manera sencilla, identificando las partes implicadas en ellos.

Una de las grandes ventajas de dicha herramienta, es que te ayudará a representar claramente la secuencia de pasos, así como la interconexión entre ellos. Identifica a los clientes y resalta a los que se tienen que satisfacer de acuerdo con los objetivos del proyecto.

Además, permite tener un conocimiento consistente de los subprocesos, o procesos, analizados ya que el contenido es acordado con cada uno de los involucrados en el diseño y construcción del S&OP.

Esta forma de representación te ayudará a conocer, de manera sencilla, los pasos principales de cada uno de los subprocesos que deberán integrarse en el proceso del S&OP.

Como primera fase, para cada uno de ellos, será necesario responder a las siguientes preguntas:

1. ¿En dónde inicia y en dónde termina cada subproceso?
2. ¿Cuáles son los pasos esenciales?
3. ¿Cuáles son las principales entradas y salidas?
4. ¿Quiénes son los clientes clave (internos y externos)
5. ¿Quiénes son los proveedores clave (internos y externos)
6. ¿Cuáles son las demandas de los clientes?

Cuando hayas respondido cada una de ellas, tendrás la información necesaria para continuar con los siguientes 5 pasos para la construcción del SIPOC de cada subproceso:

1. *Identificar el proceso de análisis.* Por ejemplo, si eliges el subproceso de Planeación de Compras deberás tener claro, junto con el equipo de esa área, la información de cada uno de los puntos descritos en el párrafo anterior.
2. *Describir las entradas del proceso y/o los recursos necesarios.* Las entradas pueden ser documentos, formatos con información clave, y/o conocimiento especializado de alguna actividad propia del área.
3. *Identificar los proveedores de dichas entradas.* Se refiere a las personas, áreas, o departamentos, que te compartirán la información de entrada.
4. *Definir las salidas del subproceso.* Son los productos, servicios, información claves que se generan en cada
5. *Definir los clientes de las salidas.* Se refiere a las personas, áreas, o departamentos, con la que compartirás la información de salida.

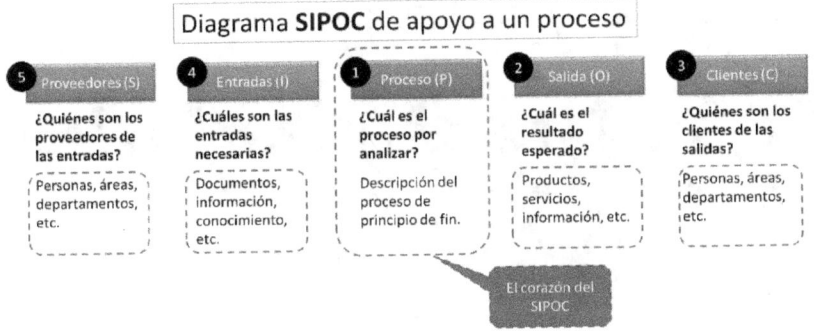

Figura 7.2. Diagrama general SIPOC de apoyo a un proceso

En la figura 7.2 se describe un diagrama, o una estructura general de diseño, con los cinco pasos que deberás seguir para la construcción del SIPOC de cada subproceso o proceso. Observa que, en primer lugar, está el "Proceso (P)" que deberás analizar. Es el corazón, o la primera fase, de tu diseño general. Nota también que el sentido de la búsqueda de tu información inicia en él y continúa con la "Salida (O)" y los "Clientes (C)". Si sigues este camino, te será más fácil buscar las "Entradas (I)" necesarias de información.

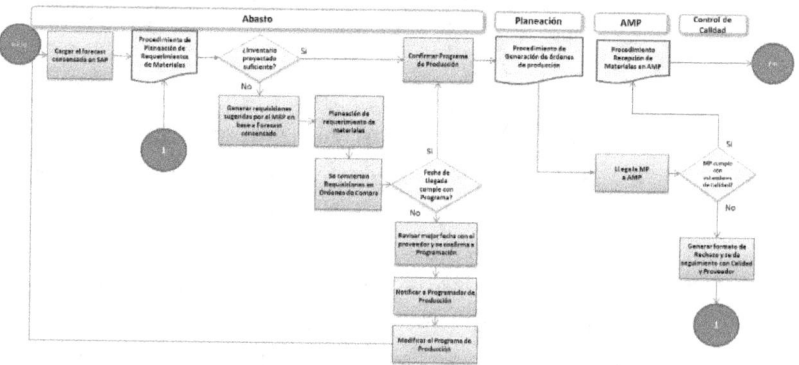

Figura 7.3. Diagrama de flujo de un proceso de abastecimiento de materia prima.

En la figura 7.3 se muestra un ejemplo de proceso de abastecimiento de materia prima. Observa que existe un principio y un fin, y se han diagramado las actividades con más detalle. Como lo mencioné en párrafos anteriores, este es el corazón de tu diagrama SIPOC.

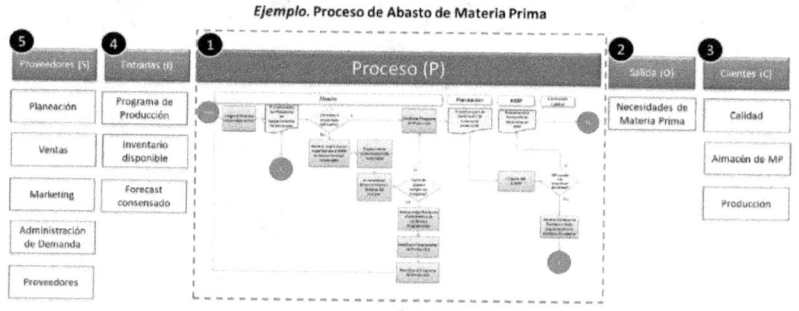

Figura 7.4. Diagrama SIPOC con la inclusión del proceso de abastecimiento de materia prima

En la figura 7.3 se muestra un diagrama SICOP completo y finalizado con el "Proceso (P)" principal integrado. Se describen la "Salida (O)" de información y los "Clientes (C)" de ese documento. También se describen las "Entradas (I)", así como los "Proveedores (S) de dichas entradas.

Como recurso adicional, te comparto esta liga con un video de los pasos necesarios para la construcción de dichos diagramas
https://youtu.be/QL_FmTgnoZ8?si=9cj7mKCc5oRSiwuP.

Antes de pasar al siguiente capítulo, es necesario que repasemos brevemente lo que hemos revisado en los anteriores.

Los antecedentes históricos que uní sobre el proceso del S&OP, estoy seguro que te generaron muchas dudas del tiempo preciso de la concepción de él. Pero no sé si esto sea importante en la construcción de dichos procesos. Las diferencias entre Planeación de la Demanda, S&OP e IBP no parecen estar definidas claramente para las empresas, cada una de ellas tiene su propia estructura y modelo de gestión.

El modelo de Diagnóstico del S&OP, que también puede ser utilizado para el proceso de la Planeación de la Demanda, estoy seguro te ayudará a definir el estado actual de ellos y definir una hoja de ruta para la construcción y diseño de cada proceso.

El proceso descrito para la Planeación de la Demanda te guiará para tener bases sólidas en el proceso de construcción del Plan de Ventas y Operaciones (S&OP). Recuerda que éste no podrá funcionar adecuadamente sin los resultados probados, y por supuesto positivos, del primero.

Los modelos del S&OP, de las dos empresas consultoras que te describí, te ayudarán, en conjunto con la herramienta SIPOC, a tener un "borrador" inicial de tu propio proceso del S&OP.

Ahora, permíteme compartir contigo dos capítulos más que te serán muy útiles en este camino que ya iniciaste.

8. LOS SIETE PASOS DEL S&OP

Para que un proceso de S&OP se logre de manera exitosa, deben existir en tu plan al menos los siguientes siete elementos que serán descritos en esta guía de trabajo.

Los pasos en referencia los describo a continuación y también espero que se conviertan en tu guía de trabajo:

I. Definir el Comité de Planeación.
II. Describir el proceso base del S&OP.
III. Definir las familias de productos.
IV. Establecer el horizonte de planeación táctico.
V. Definir el calendario para los procesos operativos y ejecutivos.
VI. Diseñar formatos de control e indicadores de medición.
VII. Definir la estructura de Consenso.

I. Definir el comité de Planeación.

Usualmente el equipo de trabajo que se hace cargo del S&OP toma la forma de un comité que se reúne periódicamente en el cual participan los gerentes de los procesos que contribuyen de manera definitiva a su situación competitiva.

La estrategia de la empresa, o empresas que lideran el S&OP, y las situaciones emergentes, son los factores más relevantes que será necesario considerar para identificar estos procesos. De esta manera, dos empresas competidoras en un mismo segmento, pero con diferente estrategia, serán completamente diferentes en cada caso.

Sin embargo, hay que reconocer que además de la estrategia planeada hay sucesos imprevistos relevantes que obligan a tomar acciones de ajuste. Por ejemplo, ante una crisis de suministro o mercado o incluso ante una oportunidad de negocio no prevista, es necesario involucrar en el S&OP procesos que rutinariamente están fuera del mismo. El equipo que realiza el S&OP reevalúa continuamente su conformación; integran o retiran procesos de acuerdo con las condiciones del mercado, liderado por grandes empresas trasnacionales.

¿Quién deberá ser el líder del S&OP?

Aun cuando no hay ninguna receta mágica en este sentido, el liderazgo del comité puede recaer en alguna de las diferentes funciones que toman parte en el mismo, pero comúnmente en alguna relacionada con funciones logísticas.

A continuación, algunos ejemplos:

- En las industrias intensivas en capital, el liderazgo del S&OP recae en una función asociada a la distribución. La lógica que sustenta esta definición es que el costo de este proceso suele ser relevante y su posición le permite no comprometer la rentabilidad de la inversión ante las necesidades comerciales.

- En industrias dedicadas a productos de consumo maquilados por terceros o que sus procesos son de limitado valor agregado, por ejemplo, ensamble o empaque, el liderazgo del proceso S&OP lo toma el área de comercialización porque la capacidad competitiva depende sustancialmente de la disponibilidad de los bienes.
- En el caso de empresas comercializadoras que revenden bienes junto con una cantidad variable de servicios cuya adquisición entraña cierto grado de complejidad el liderazgo lo toma la función de compras, o cuando la disponibilidad de capital es una limitante seria, es el área financiera quien lo asume.

En todo caso, la máxima autoridad funcional de la compañía debe estar representada de alguna manera en el comité, ya sea a través de terceros o directamente con su presencia en las sesiones y comunicados de éste, de tal manera que las decisiones del comité tienen un poder real sobre las operaciones.

¿A quién incluir?

Los integrantes del comité son los gerentes de los procesos críticos de la organización, aquellos que son decisivos en la creación del valor percibido por el mercado. Es importante no sobrepoblar tal comité, ya que eso produce un alargamiento de las discusiones y retraso en las decisiones. Al participar en el comité los gerentes reconocen y consensuan de manera directa las metas de su proceso, por lo que se facilita su adopción.

Los gerentes de los procesos no considerados en el comité deben aprender a leer del plan táctico aprobando las metas que corresponden a sus áreas de responsabilidad. Aun cuando no tomen parte en el proceso de planeación deben asegurarse que sus variables críticas están representadas en los documentos y reportes que se emplean para la planeación.

II. Describir el proceso base del S&OP

En la figura 6.1 se muestra un proceso de S&OP que contiene 6 actividades sugeridas para la realización de este Plan. Se describen cada una de ellas para facilitar la construcción del S&OP que se ajuste a las necesidades de cada organización.

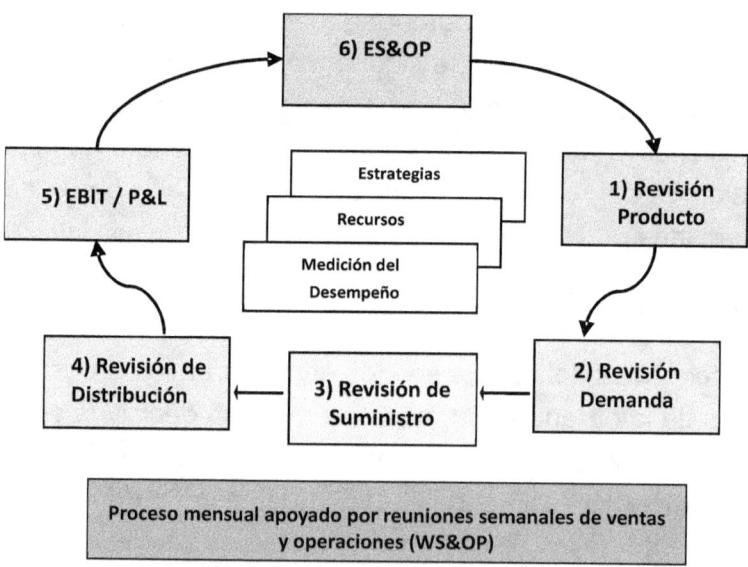

Figura 8.1. El proceso del Plan de Operaciones y Ventas (S&OP)

1) Revisión del Producto

Este proceso contribuye a la planeación de la demanda. Su aportación en la planeación táctica es proveer una expectativa del volumen de ventas de los nuevos productos y de los que están en retiro; y esto es independiente de las tareas que, en el ámbito estratégico y operacional, este proceso desempeñe.

Los esfuerzos de la función de nuevos productos o administración de la cartera de productos deben estar acotados en la planeación estratégica confrontando metas referentes a la rentabilidad y renovación de la cartera de productos. Pero debe superarse la miopía de que el desarrollo de nuevos productos finaliza con la entrega del producto a la operación comercial; debe asumir una responsabilidad durante la fase de introducción antes de liberar al producto como un producto de línea.

Igualmente debe estar considerada la depuración del catálogo, con objeto de mantener una oferta sana desde el punto de vista de su rentabilidad. Esta dinámica se extiende a productos, servicios, productos en segmentos, canales, mercados o regiones con el nivel de detalle necesario para el S&OP.

El plan táctico debe incorporar metas de desempeño con plazos específicos para los nuevos productos y los que están de salida. Acordando las acciones de introducción y retiro correspondientes. Este punto debe controlarse con disciplina. El no hacerlo produce una fuente de desperdicio. Requiere reconocer el fracaso de una iniciativa, en el caso de un producto nuevo que no alcanza sus metas, y retirar definitivamente una posición del catálogo.

Algunos de los puestos involucrados en esta actividad están relacionados con: Marketing, Planeación de la Demanda, Servicio al Cliente, Planeación de Producción, Finanzas y Compras.

2) Revisión de la Demanda

Esta revisión se sugiere realizar al menos dos veces por mes. La primera para consolidar el pronóstico de la demanda (Pronóstico sin restricciones), la segunda para informar excedentes, faltantes o cambios en la proyección, después del balanceo (Pronóstico con restricciones). La utilidad principal del pronóstico de la demanda es construir con los participantes del S&OP un "Pronóstico Colaborativo". Se denominan de esta forma porque el pronóstico de la demanda, calculado a partir de la información estadística disponible y con métodos y modelos que tengan mínima variabilidad, se expone a los responsables de las áreas comerciales para su revisión y ajuste. Lo mismo se puede extender para considerar alguna otra capacidad que contenga alguna situación crítica por algún hecho estacional o circunstancial: suministro de materiales, producción o transporte.

En esta etapa de preparación la información del pronóstico de la demanda se confronta con las capacidades esperadas del sistema de suministro en los escenarios previstos para siguientes periodos. Entre los escenarios que se revisan están el presupuesto y los correspondientes a las contingencias emergentes.

Es responsabilidad de los participantes de comité estudiar la información y tratar de resolver las discrepancias estableciendo acuerdos de manera bilateral con los otros participantes antes de la reunión del comité. La intención es que el máximo de escenarios sea puesto en evidencia y resueltos anticipadamente para acelerar la sesión del comité y llegar a un acuerdo del plan de trabajo para el siguiente periodo de una manera expedita.

Por regla general la información que se anticipa no se refiere exclusivamente a al periodo siguiente: (t+1) sino a varios más, 3, 6 o más periodos (t+1, t+2, y t+3 ó ... t+6 ó ...) La información del periodo inmediato incumbe para la definición de los procesos operativos en el mismo, mientras que la de los demás períodos permite anticipar negociaciones con proveedores y asegurar las condiciones de la disponibilidad de materias primas y capacidades de suministro en maquilas y servicios.

Algunos de los puestos involucrados en esta actividad están relacionados con: Ventas, Planeación de la Demanda, Servicio al Cliente, Comercialización, Planeación de la Producción, entre otros.

3) Revisión del Suministro

La información del pronóstico, de las capacidades de la cadena de suministro y de los escenarios, sólo genera valor cuando se puede cuantificar el resultado de las alternativas de acción y se formulan juicios. Usualmente esta información permite anticipar el desempeño del sistema de suministro en términos de:

Planeación de Ventas y Operaciones (S&OP-IBP)

a. Establecer el plan de producción.
b. Revisar capacidades.
c. Establecer el nivel de servicio.
d. Definir y/o conocer el costo.
e. Definir el ciclo de gestión del suministro.
f. Conocer los picos de demanda esperados
g. Revisar proyectos de nuevos productos y ventas.
h. Entre otras.

La herramienta puede ser una sencilla hoja de cálculo, o un complejo sistema de simulación u optimización. Usualmente contiene un modelo cuantitativo que representa las principales variables del negocio y su interrelación de tal manera que con la información alimentada anticipa los resultados del negocio.

Nuevamente, las empresas enfrentan una gran diversidad de retos y las aproximaciones exitosas son cuando se ajustan a las condiciones particulares de cada empresa. La experiencia nos dicta que no existen modelos empacados que resuelvan la generalidad de las situaciones. Resultados normales se logran con soluciones estándares, resultados superiores solo con soluciones a la medida.

Algunos de los puestos involucrados en esta actividad están relacionados con: Compras, Planeación de Producción, Planeación de la Demanda, Transporte y Almacenes, entre otros.

4) Revisión de Distribución

Esta actividad debe ser realizada al siguiente día de la revisión del suministro y plantear un modelo de optimización entre el pronóstico y el suministro La aproximación adecuada para definir el modelo de optimización requiere identificar las fuentes de valor más significativas y las principales restricciones de las capacidades funcionales. Luego se relacionan con las variables controlables y las que se pronostican.

Algunas de las preguntas que se responden en esta actividad son:

¿Cuál es la capacidad de los almacenes para satisfacer la distribución? ¿a cuántos puntos, aproximadamente, se distribuyen los productos? ¿qué porcentaje, aproximadamente, del país se está cubriendo con la distribución? ¿qué dificultades hay para distribuir los productos en cada establecimiento? ¿qué periodicidad promedio tiene el calendario de distribución a los establecimientos? ¿hay capacidad suficiente para lograr que los productos se distribuyan de una manera oportuna y segura?

Algunos de los puestos involucrados en esta actividad están relacionados con: Planeación de Suministro y Demanda, Distribución, Transporte y Almacenes, Ventas, Logística, entre otros.

5) EBIT / PL (Earnings Before Interest and Taxes - Utilidad antes de impuestos e interés / P&L (Profit & Loss – Pérdidas y Ganancias)

El ejercicio de la Planeación Financiera se debe realizar el recibir el Plan de Demanda balanceado, utilizar esta información y simular el EBIT por el periodo comprendido de la Proyección. La integración de la planeación por unidad/volumen con la planeación financiera produce grandes beneficios enfocando las decisiones operativas en resultados, reduciendo el riesgo operativo y funcional. Los objetivos en esta sección del S&OP son:

a) Convertir las restricciones de capacidad e inventario en decisiones estratégicas de promoción y puntos de precio óptimo utilizando la elasticidad de precios.
b) Incorporar una perspectiva operativa y financiera por medio de modelación y construcción de escenarios.
c) Evaluar y ajustar continuamente los costos de oportunidad de volumen y rentabilidad en los productos, canales y geografías.

6) El S&OP Ejecutivo

El objetivo de esta actividad es evaluar el desempeño y los resultados para que sea la base de la planeación para proyecciones futuras válidas. Es la revisión ejecutiva del negocio, sus entradas de información, y cómo dirigirla para abordar los verdaderos asuntos de la empresa.

Debido a la naturaleza dinámica de los procesos de negocio resulta útil, para una revisión efectiva, que el reporte de resultados esté automatizado. La consolidación de la información de las operaciones y su comparación con lo planificado esté sobre un sistema de información que permita su consulta en línea de tal manera que el comité tenga información de referencia suficiente para analizar los resultados.

Esta actividad se sugiere realizarla una vez por mes. Dentro de las principales actividades están el análisis y resultados del Plan de Operaciones y Ventas. La revisión y seguimiento de la Estrategia, así como el estado de las Pérdidas y Ganancias (Profit & Loss)

III. Definir las familias de productos

La tarea de definir la familia de productos tiene que ver con el objetivo comercial e industrial de cada organización. Las "familias comerciales" son conjuntos de productos que presentan características similares desde la óptica comercial de Ventas y Mercadotecnia. Los productos de una determinada familia comercial se dirigen a un mismo segmento de mercado o suponen similares aplicaciones. Por su parte, las "familias industriales" son grupos de productos que utilizan recursos industriales similares. En un determinado nivel de atracción esos productos comparten un mismo proceso productivo. Es muy probable que productos que provienen de una misma familia industrial puedan o no estar en una única familia comercial. De igual forma, productos en una misma familia comercial puedan pertenecer a distintas familias industriales.

Las familias comerciales son útiles en la construcción del plan de demanda y las familias industriales son de utilidad para planear la oferta. Las empresas deberían usar familias comerciales para pronosticar la demanda y un plan de ventas correspondiente con su satisfacción. Una vez determinados estos requerimientos estos pueden ser traducidos en un plan de producción usando las familias industriales. Un elemento clave de estas agrupaciones – familias comerciales e industriales- es que proveen un esquema útil en la generación de reportes. Dado que los distintos niveles gerenciales requieren de niveles de detalles diferentes en sus informes, debería establecerse una jerarquía para el planteamiento que pudiera asimismo utilizarse para la información.

Es conveniente que las familias comerciales e industriales contengan productos o líneas de productos idénticas, pero esta condición no es rigurosa. Muchas compañías han desarrollado un nivel adicional denominado "Familias S&OP". Estas familias pueden servir como elemento de control a lo largo del proceso. En realidad, este tipo de agrupamiento es ideal para presentar los diversos indicadores de evaluación y desarrollo que la gerencia revisa en forma regular. Algunos de los indicadores habitualmente utilizados en las familias S&OP son:

- Nivel de servicio
- Pedidos pendientes – en unidades y en dinero
- Tiempo de entrega
- Precisión en el pronóstico de la demanda
- Índice de variabilidad
- Clasificación ABC
- Rotación del inventario

El orden jerárquico entre las distintas agrupaciones suele responder al siguiente esquema descendente:

- Total de la compañía
- Segmentos de negocio
- Familias comerciales
- Subfamilias
- Familias S&OP
- Familias industriales
- Líneas de productos
- Ítems de productos

Al final cada organización tendrá la decisión del diseño de su propia jerarquía y familia de productos, y cuáles deben formar parte del proceso del S&OP. No hay una regla definitiva.

IV. Establecer el horizonte de planeación táctico

El proceso de planeación táctica traduce las definiciones estratégicas en planes de acción definiendo la operación en un horizonte determinado. La extensión del horizonte táctico depende de la capacidad de adaptación del negocio a las condiciones de su entorno. Por ejemplo, si una empresa es intensiva en mano de obra y las condiciones contractuales limitan su capacidad para modificar la base contratada la planeación táctica no puede ser muy breve y se aproximará a los ciclos en que dicha base laboral pueda ser modificada. Sin embargo, si existiese flexibilidad para modificar el número de personal –digamos cada semana, tiene sentido hacer la planeación táctica en esos periodos y determinar la cantidad de recurso humano necesario para dichos periodos.

Es necesario conocer el negocio y su ritmo natural para definir la frecuencia del proceso de planeación. Hacerlo con mayor frecuencia a dicho paso lleva a reacciones excesivas que se corrigen una a otra creando confusión y dificultando la gestión. Es análogo a una situación en la que se realizan órdenes de suministro cada día cuando el tiempo de respuesta es de 12 semanas, en poco tiempo se pierde la noción de lo que se está haciendo y hay más esfuerzos para balancear el inventario en tránsito que administrando la disponibilidad del producto en destino. En contrapartida, el tener ciclos de planeación que exceden la capacidad de reacción de los procesos de negocio equivale a dejar oportunidades de negocio sobre la mesa que en el mejor de los casos serán capitalizadas por iniciativas paralelas al del comité de planeación que se desacredita por su inacción.

Dicho de otra manera, el plan táctico traduce las definiciones estratégicas a las contingencias del negocio y actualiza de manera dinámica las metas operacionales para el día a día de la organización.

V. Definir el calendario para los procesos operativos y ejecutivos

Esta actividad tiene que ver con los dos niveles del S&OP: operativo y ejecutivo. El objetivo que se pretende es que los participantes lleven oportunidades y riesgos de sus operaciones y que éste sea el foro apropiado para discutir y tomar decisiones. Deben participar activamente en llevar opiniones a la mesa y no sólo ser simples espectadores de este proceso.

Las fechas de inicio y seguimiento serán establecidas por los participantes del S&OP Ejecutivo (ES&OP). Las reuniones suceden normalmente una vez por mes y únicamente asisten directores y facilitadores. Se revisan y se toman decisiones sobre temas estratégicos de mediano y largo plazo. Se toman decisiones que el grupo no haya podido tomar durante el proceso y es un foro para conectar la estrategia hacia la ejecución.

Los participantes del S&OP Operativo (WS&OP) se reúnen una vez por semana. A estas sesiones asisten facilitadores de S&OP y gerencia media. Se revisan temas operacionales y comerciales de corto plazo. Se proponen soluciones a problemas inmediatos y ajustes al control diario/semanal de actividades y es un foro para dar seguimiento a la ejecución del plan. En la figura 6.2 se muestra un ejemplo con fechas y actividades el proceso del S&OP.

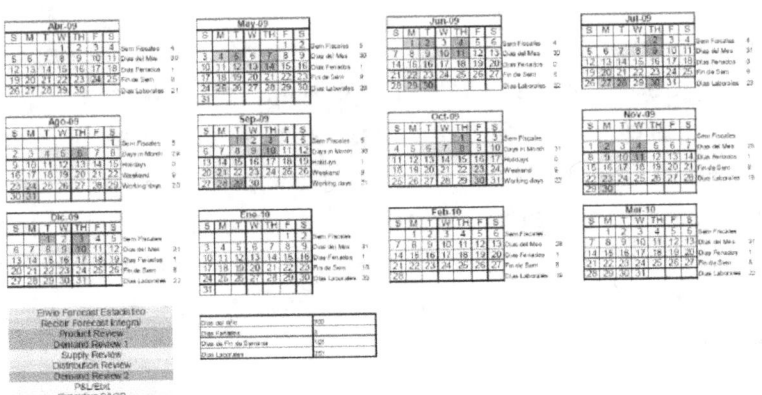

Figura 8.2. Ejemplo de un Calendario del S&OP

VI. Diseñar formatos de control e indicadores de medición

Un componente vital del sistema de planeación táctico es el tablero de indicadores. El enfoque integral permite identificar de manera particular para cada área los resultados que deben procurar para optimizar el resultado de la organización. Esto obliga a superar el conflicto tradicionalmente de los gerentes que se preocupan por optimizar sus resultados localmente, demostrando la excelencia de las prácticas en el área disciplinaria a su cargo, versus el lograr un resultado particular –comúnmente no el óptimo local, pero que es el de mayor significado desde un punto de vista integral.

Los gerentes de los procesos críticos participan en la planeación y pueden argumentar en base a las capacidades y restricciones propias, y convenir un cierto nivel de desempeño. En forma directa esto conforma sus metas operacionales para el siguiente ciclo táctico.

Los gerentes de procesos que no participan en la planeación táctica deben desarrollar la habilidad de interpretar los resultados de dicha planeación para establecer los objetivos de trabajo en su operación. Al no participar en las reuniones de planeación, están obligados a asegurarse que sus capacidades y restricciones están consideradas en la información que maneja el comité de planeación correspondiente.

Todos los objetivos de los procesos participantes en la planeación táctica deben estar controlados por indicadores. El conjunto de éstos es el tablero de indicadores tácticos, documento que debe mantenerse actualizado con la máxima frecuencia y considerar datos de avance parcial y tendencias de proceso con objeto de facilitar la gestión de los mismos. Dicho tablero debe estar visible para la organización y debe procurarse una cultura operativa de mantenerlo bajo observación.

El tablero táctico es una radiografía en tiempo real de la organización, debe considerarse que exhibe sus datos vitales y cualquier desviación debe generar una señal y una sensación de alerta que motive a la toma de análisis y decisiones correctivas inmediatas.

Independientemente de los objetivos sumarios que se derivan de la planeación táctica cada gerente puede contar con un sistema de objetivos e indicadores particulares de su proceso, que le permiten gestionar y mantener una capacidad operativa competitiva en el largo plazo. Sin embargo, estos indicadores no forman parte del tablero táctico. No obstante, conforman el tablero de indicadores operacionales y complementan la información necesaria para motivar las conductas adecuadas en cada disciplina de trabajo.

VII. Definir la estructura de Consenso

Como en todos los procesos de negocio, el éxito de ellos se basa en una parte técnica que reúne herramientas, equipos y procedimientos y en un componente humano que aporta emociones, madurez y voluntad para lograr las cosas. Esto último se pone de manifiesto en la capacidad del comité de asumir un consenso.

Cada una de las partes involucradas en el comité necesita asumir como propias las decisiones tomadas, aún en perjuicio de sus metas particulares. Por ejemplo, el área comercial debe estar dispuesta a reducir su volumen de ventas del periodo siguiente para asegurar disponibilidad de suministro en un periodo posterior de mayor atractivo para el negocio; o el responsable de distribución debe asumir incrementar su costo de operación para lograr ciertas metas del negocio. Constituye un gran dilema debido a que pueden resultar enfrentadas las necesidades tácticas con objetivos estratégicos, digamos metas de resultados anuales que pueden estar relacionados con la remuneración variable. El comité necesita sensibilidad en el impacto que tiene dichas necesidades y producir no solamente decisiones óptimas sino también soluciones factibles. Lo anterior es una de las razones por las que resulta vital involucrar a la dirección de la empresa en las decisiones del comité.

Antes de iniciar la aventura de tratar de implementar un proyecto del S&OP en su organización, es necesario tomar en cuenta las siguientes consideraciones. Recuerde que la forma en que éstas deben llevarse a la práctica difiere significativamente en cada organización.

1. No es sólo un evento de planeación más. Implica fases complementarias de organización, ejecución y control que formalizan el ciclo administrativo.
2. No es limitativo al actuar de una empresa en particular, sino que deben considerarse a todos los participantes que son determinantes en el desempeño de la cadena de suministro.

3. Los productos que se generan son planes de trabajo que determinan la utilización de los recursos de los procesos participantes.
4. El S&OP actúa en un horizonte táctico, por ello se definen disciplinas de actuación operacionales y están sujetas a las definiciones estratégicas.
5. El proceso debe establecer metas de desempeño con una combinación de resultados financieros y de indicadores medibles de nivel de servicio o de eficiencia y utilización de ciertas capacidades de proceso.

Para que la construcción de tu proceso sea más estructurada, y logres tu propósito de diseñar y construir el propio, en la siguiente liga podrás encontrar los siguientes formatos de ayuda:

https://www.dropbox.com/scl/fo/95t62hlf4qh6zxwwv6gwh/AJpKhsFviuMSjv-3pi--sOc?rlkey=qs6su364xh4s5cmufcwv0k917&st=lj3vysfs&dl=0

1. Formatos y calendarios para el diseño y control del S&OP en Power Point:
    a. Descripción de entregables semana - mes
    b. Formato para reuniones
    c. Ejemplo para reuniones mensuales
    d. Recomendaciones para reuniones semanales
    e. Recomendaciones para reuniones mensuales ejecutivas
    f. Tablero de control para los entregables semana - mes
    g. Formato de calendario.

2. Formato de control y seguimiento de entregables por semana-mes en Excel.
3. S&OP One Page con instrucciones para que puedas hacer un diagnóstico preliminar de tu proceso actual del S&OP en Excel.

Antes, durante y después del proceso de diseño y construcción del S&OP, el siguiente capítulo te ayudará a que tu proyecto no sea un fracaso anticipado. Me refiero a aplicar la inteligencia emocional en él.

9. INTELIGENCIA EMOCIONAL EN EL S&OP.

El contenido de este capítulo se refiere a los sentimientos encontrados que estos proyectos generan, y la forma de capitalizarlos aplicando inteligencia emocional para lograr el éxito de ellos. Somos seres humanos influenciados por un sinfín de factores que afectan nuestra forma de tomar decisiones

Al final, la reflexión (o al menos la mía) es que también podemos aplicar lo descrito en nuestra vida diaria para tratar de lograr mejores resultados en todos nuestros proyectos. Lo mejor de todo es que si los practicamos se pueden desarrollar y mejorar con el tiempo.

El S&OP no es un plan que se realiza al inicio de cada año, no es un presupuesto, no existe un momento preciso, tampoco es la salvación a todos los problemas, simplemente es un proceso continuo que deberá perdurar en la empresa a lo largo del tiempo. Este tipo de proyectos deben ser tan grandes de tal manera que todos los miembros de la organización se comprometan con él.

Es el acuerdo que se genera entre los procesos clave del negocio para valorar el plan para todos con un sentido ¿hacemos negocio para la empresa con este plan? Variables como las características del producto, los canales de distribución, las preferencias del mercado, la disponibilidad de suministros, los recursos tecnológicos y de capital, la complejidad de la fabricación de los bienes y de los servicios ofrecidos, y especialmente la estrategia competitiva determinan la manera adecuada de realizar el S&OP para una empresa determinada en un momento en particular. Pero eso ya fue tratado en los capítulos anteriores.

El propósito es describir que las aptitudes emocionales son el ingrediente oculto del éxito o el fracaso en estos proyectos.

Algunas de las fallas más comunes que he encontrado, que surgen a lo largo del proceso de diseño, construcción e implementación, y que me influenciaron en escribir este capítulo son las siguientes:

1. Falta de involucramiento, compromiso y trabajo en equipo de todos los participantes.
2. Que el director general no lo perciba como el principal proyecto de la empresa.
3. Falta de disciplina en el cumplimiento de la planificación de las reuniones programadas (diarias, semanales o mensuales).
4. Posiciones rígidas en los desacuerdos y conflictos de intereses entre las diferentes áreas de la empresa.
5. Falta de comunicación, y falta de estructura que fomente y ayude al consenso para el logro de los objetivos comunes.

¿Y cuál es la razón de la falta de compromiso de quiénes participan en este tipo de proyectos? ¿por qué en algunos casos (o en todos) el director general no lo percibe como el proyecto principal? Si uno de los propósitos del S&OP es lograr acuerdos que mejoren a toda la empresa en general ¿por qué estos no suceden? ¿cómo lograr que todos los participantes estén involucrados y convencerlos sobre los resultados? Y además de las cuestiones técnicas y operativas, ¿cuáles son los otros factores que hacen que fallen los proyectos de S&OP?

La respuesta a todas esas preguntas, están en la falta de aplicación de las habilidades de la inteligencia emocional, y no en las habilidades técnicas. La interpretación y aplicación que describo enseguida, la tomé de un artículo publicado por Daniel Goleman que relata cómo las acciones de un grupo, de una división de ingeniería de una empresa, tenían éxito en sus resultados comparadas con el resto de las divisiones de la empresa. Y esto se debía al uso de la inteligencia emocional, y no a las habilidades técnicas en la toma de decisiones.

Los 5´s (secretos) del S&OP

Cómo lo describí al inicio, este capítulo se refiere a las habilidades emocionales que son necesarias para lograr que cada uno de los procesos del S&OP sucedan con éxito. Me refiero específicamente a lo que he titulado como los cinco secretos (5´s) del S&OP:

Afinidad, Empatía, Persuasión, Cooperación y Consenso

Enseguida una breve descripción de cada una de ellas, que en cualquier momento pueden ser comentadas y debatibles al final de éste.

1) Afinidad. En cada proyecto de S&OP existen flujos, vínculos o indicadores que unen a cada proceso, y ellos se plasman en un documento o en reglas de negocio. Esto siempre será necesario, pero aquellos son materialistas y/o racionales. La afinidad se refiere a lo que queremos lograr en conjunto, en lo que nos une como personas, nuestro carácter, los gustos individuales, y en la similitud o no de nuestras opiniones. Es tratar de lograr un mismo objetivo como personas con diferentes habilidades y características. El propósito es mayúsculo, es el logro de unir nuestra fortaleza emocional, como uno de los elementos más importante para lograr un mismo fin.

2) *Empatía.* Cuando existe comprensión y entendimiento, y se comparte la problemática de los procesos, que no están en los tramos de control individuales, los resultados del S&OP son espectaculares. Sabemos que los problemas de cada proceso y función son diferentes. No es lo mismo lo que enfrenta el área comercial cuando no se cumplen los objetivos de venta, que los que enfrenta producción cuando no se cumplen lo pactado en el plan. Estamos seguros de ello. La empatía surge cuando me preocupo por el vecino, y le presto apoyo en la solución de sus problemas. Es escuchar y demostrar que estamos realmente interesados en él. Ninguno es más importante que otro.

3) *Persuasión.* Lograrlo es un arte, tanto en los proyectos de S&OP como en la vida diaria. En algunos casos los objetivos del resto de los participantes en estos proyectos coinciden, pero lo más normal es que esto no suceda así. ¿Y cómo solucionar esta problemática? La herramienta más fuerte es la argumentación clara, explícita y no complicada. Aquí no existe "porque lo digo yo" o "es una orden". El propósito es convencer al resto, o al de enfrente, de los cambios sugeridos con los argumentos necesarios para que los comprendan y los acepten como suyos. En todos los casos

la forma de dar el mensaje tendrá una relación directa en la aceptación de él.

4) Cooperación. Es el resultado de la aplicación estratégica de un grupo de personas que toman decisiones en el S&OP. Cada una de las partes involucradas en el comité necesita asumir como propias las decisiones tomadas, aún en perjuicio de sus metas particulares. Por ejemplo, el área comercial debe estar dispuesta a reducir su volumen de ventas del periodo siguiente para asegurar disponibilidad de suministro en un periodo posterior de mayor atractivo para el negocio; o el responsable de distribución debe asumir incrementar su costo de operación para lograr ciertas metas del negocio. Es lograr un sólo objetivo trabajando en conjunto.

5) Consenso. Como en todo proceso, el éxito se basa en una parte técnica que reúne herramientas, equipos y procedimientos, y en un componente humano que aporta emociones, madurez y voluntad para lograr los objetivos propuestos. Esto último se pone de manifiesto en la capacidad de integrantes de proyecto de asumir un consenso. Es demostrar que todas las decisiones que se presentarán en las reuniones ejecutivas fueron tomadas en conjunto, y no de manera individual.

Como lo comenté en párrafos anteriores, este tipo de proyectos deben ser lo suficientemente grandes para que todo el personal se sienta involucrado, y hagan la parte que le corresponde, pero aplicando sus habilidades de inteligencia emocional.

El S&OP tiene una motivación importante, contiene metas suficientemente grandes para que todo el personal se sienta involucrado. El éxito está relacionado con la aplicación de los 5´s, y cuando se logran entrelazar los vínculos emocionales entre los integrantes del equipo. Las habilidades diferentes también ayudarán a enfrentar situaciones cambiantes en todo el proceso.

Es un tema familiar. Cada uno de los miembros del equipo debe saber que puede contar con el otro, pero siempre pensando en esa capacidad de logro común. No sólo es el dinero, mejores puestos o más prestigio, es decir simplemente...lo logramos. Además, si en el equipo no tenemos desarrolladas esas habilidades, ¡¡no importa!! Se pueden desarrollar. No es igual que el Coeficiente Intelectual. La práctica nos llevará a la maestría.

Las reglas están cambiando. Ahora además de la preparación, la experiencia y el conocimiento adquirido, es necesario ejercitar nuestra habilidad de manejarnos con nosotros mismos y con los demás.

10. GALERÍA DE IMÁGENES AMPLIADA.

En esta sección se muestran algunas de las gráficas o imágenes que es necesario ampliar por su importancia del proceso.

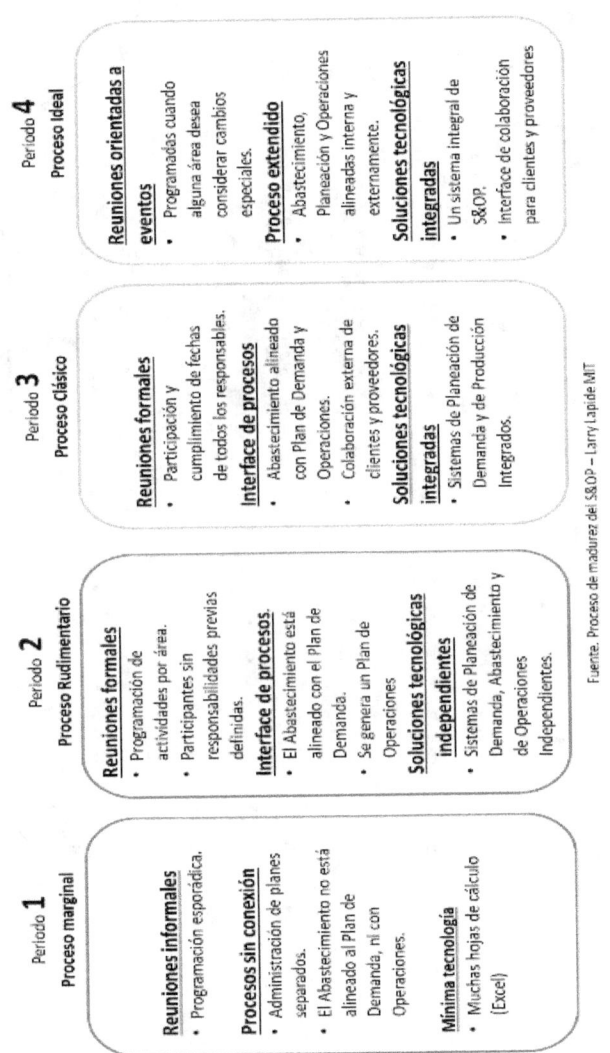

Diagrama 4.1 Proceso de madurez del S&OP

Planeación de Ventas y Operaciones (S&OP-IBP)

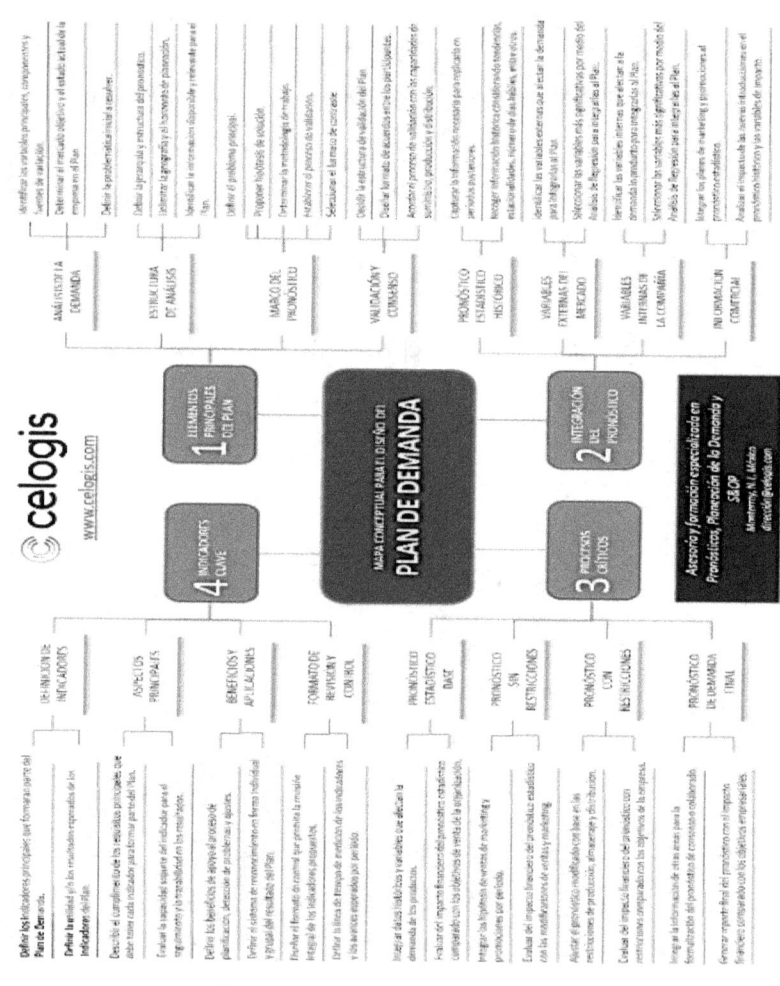

Figura 5.1 Mapa conceptual para el diseño del Plan de Demanda.

Planeación de Ventas y Operaciones (S&OP-IBP)

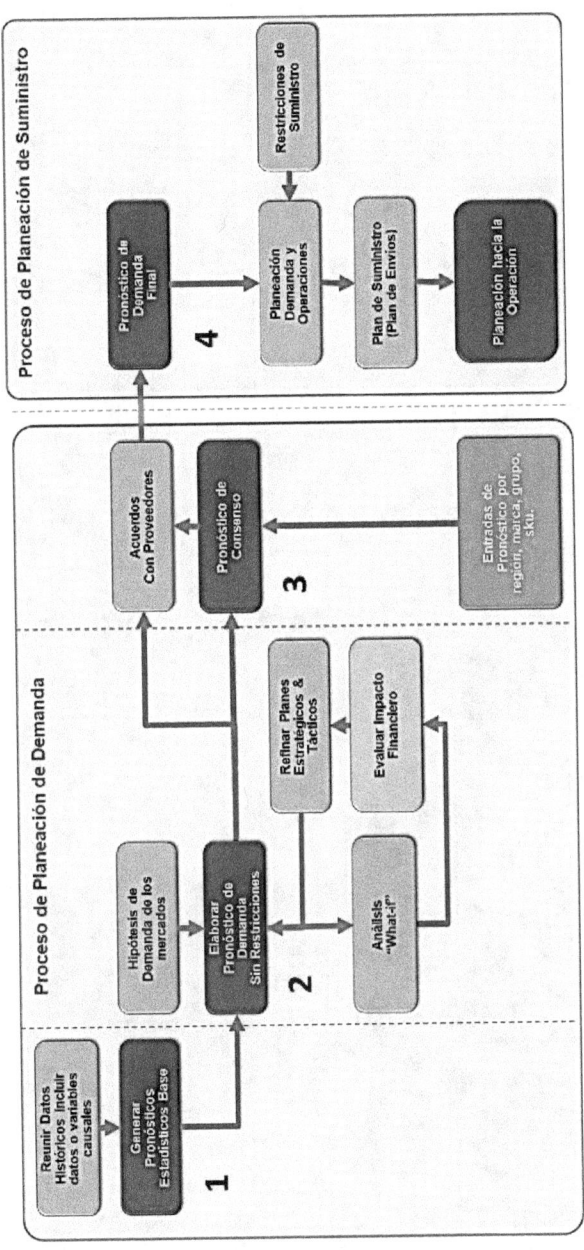

Diagrama 5.1 Integración de los procesos críticos de Planeación de la Demanda y del Suministro.

Planeación de Ventas y Operaciones (S&OP-IBP)

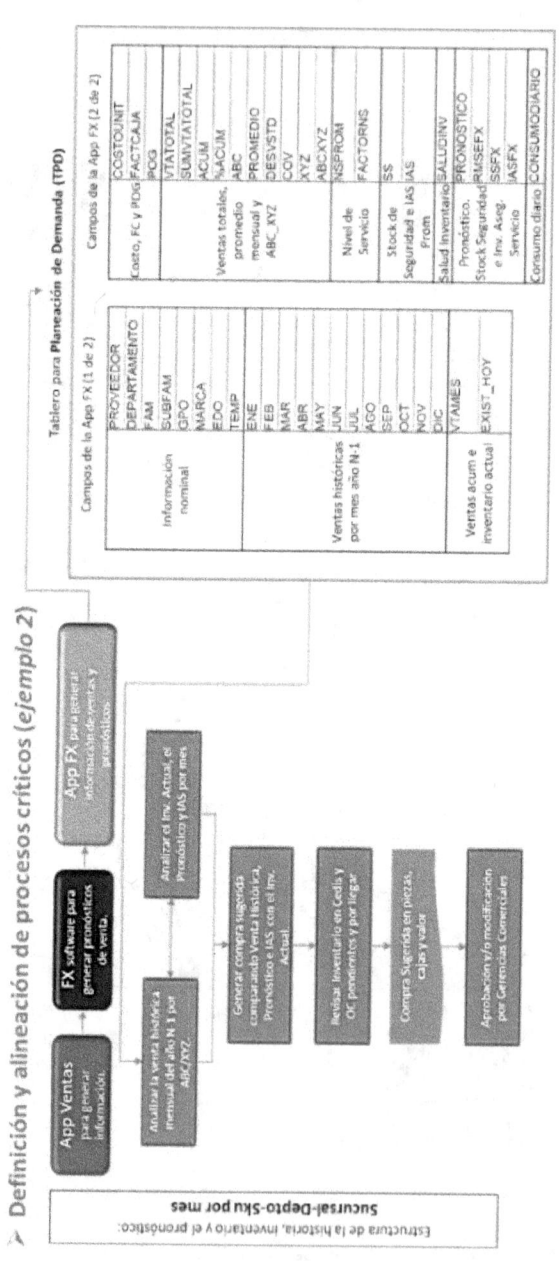

Diagrama 5.2 Ejemplo de procesos críticos de una empresa de venta al detalle

Planeación de Ventas y Operaciones (S&OP-IBP)

Fase	Descripción
1. Recolección de información histórica	• Ventas actuales, ventas negadas, devoluciones, niveles de servicio, y resultado de promociones, entre otros. • Niveles de producción, restricciones de capacidad, niveles de inventario, rotación, y tiempos de entrega, entre otros.
2. Planeación de Ventas	• Planeación de Demanda revisa la información de la Fase 1 y genera los pronósticos para los siguientes periodos. • El pronóstico generado es revisado por Ventas, Mercadotecnia y Desarrollo de Nuevo Productos.
3. Planeación de Operaciones	• Operaciones genera un plan de producción con base en la Fase 2, niveles de inventarios de MP, ME y PT y capacidades de producción
4. Reunión de Revisión	• Los gerentes clave se reúnen para revisar las diferencias entre las Fases 1, 2 y 3 para establecer planes de acción. Con esta información de ajustan los planes y se actualiza el plan de negocios de la compañía.
5. Reunión ejecutiva	• Presentación del resultado de los planes de la Fase 4 a Directores para tomar decisiones no contempladas en las fases anteriores.

Tabla 6.1. Descripción de las actividades propuestas del S&OP empresa consultora 1.

Planeación de Ventas y Operaciones (S&OP-IBP)

	1) Reunión de Planeación de Demanda	2) Reunión de Planeación de Abastecimiento	3) Reunión de alineación Demanda y Abastecimiento	4) Reunión Ejecutiva
Objetivo	• Revisar y aprobar el Plan de Demanda a corto y largo plazo.	• Revisar y aprobar el Plan de Abastecimiento a corto y largo plazo.	• Alinear el Plan de Demanda con el de Abastecimiento a corto y largo plazo.	• Revisar y aprobar los objetivos financieros y operacionales, a corto y largo plazo
Información de entrada	• Línea base estadística. • Pronóstico de Demanda. • Precios y promociones. • Productos transitorios.	• Plan de capacidades. • Objetivos de inventario. • Restricciones de abasto. • Compromisos de producción.	• Plan de Demanda • Plan de Abastecimiento • Impacto financiero inicial	• Alineación del Plan de Demanda con el de Abastecimiento. • Escenarios financieros.
Información de salida	• Participación de mercado. • Plan de ventas en volumen y margen. • Niveles de servicio. • Plan de Demanda.	• Flujo de efectivo. • Costos de manufactura. • Plan de producción en unidades. • Plan de Abastecimiento.	• Negociaciones entre Demanda y Abastecimiento. • Impacto financiero de los escenarios.	• Plan Financiero alineado con la participación de mercado, utilidad y flujo de efectivo.
Indicadores	• Error y sesgo del pronóstico. • Órdenes canceladas. • Fill Rate	• Logros del Plan de Producción. • Inventario vs. Plan	• Venta pérdida ($) • OTIF (%) • Costos de emergencias.	• Utilidad, participación de mercado, margen, flujo de efectivo, pérdidas y ganancias.
Tomadores de decisiones	• Ventas, Mercadotecnia y Administración de Producto.	• Operaciones, Manufactura, Compras (abastecimiento)	• Finanzas, Ventas y Operaciones.	• Directores, y responsables de Unidades de Negocio.

Tabla 6.2. Descripción de las actividades propuestas del S&OP empresa consultora 2

Planeación de Ventas y Operaciones (S&OP-IBP)

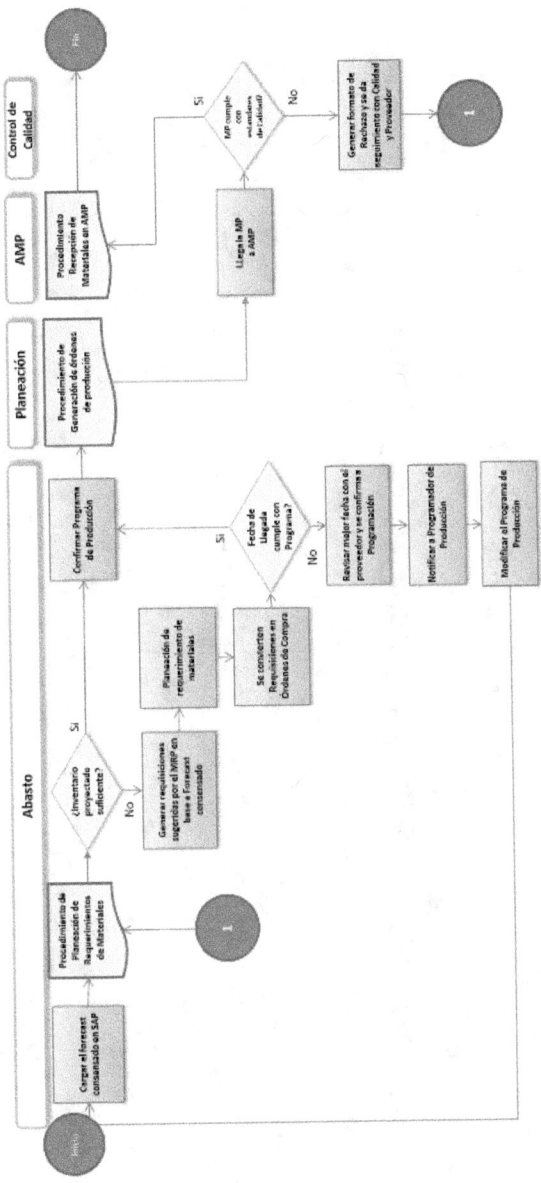

Figura 7.3. Diagrama de flujo de un proceso de abastecimiento de materia prima.

Planeación de Ventas y Operaciones (S&OP-IBP)

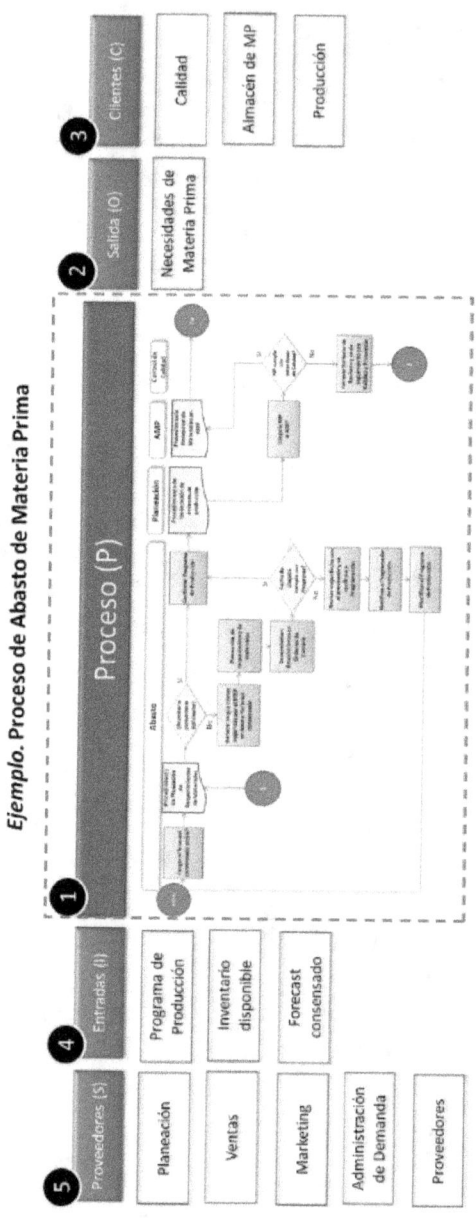

Figura 7.4. Diagrama SIPOC con la inclusión del proceso de abastecimiento de materia prima

/ Planeación de Ventas y Operaciones (S&OP-IBP)

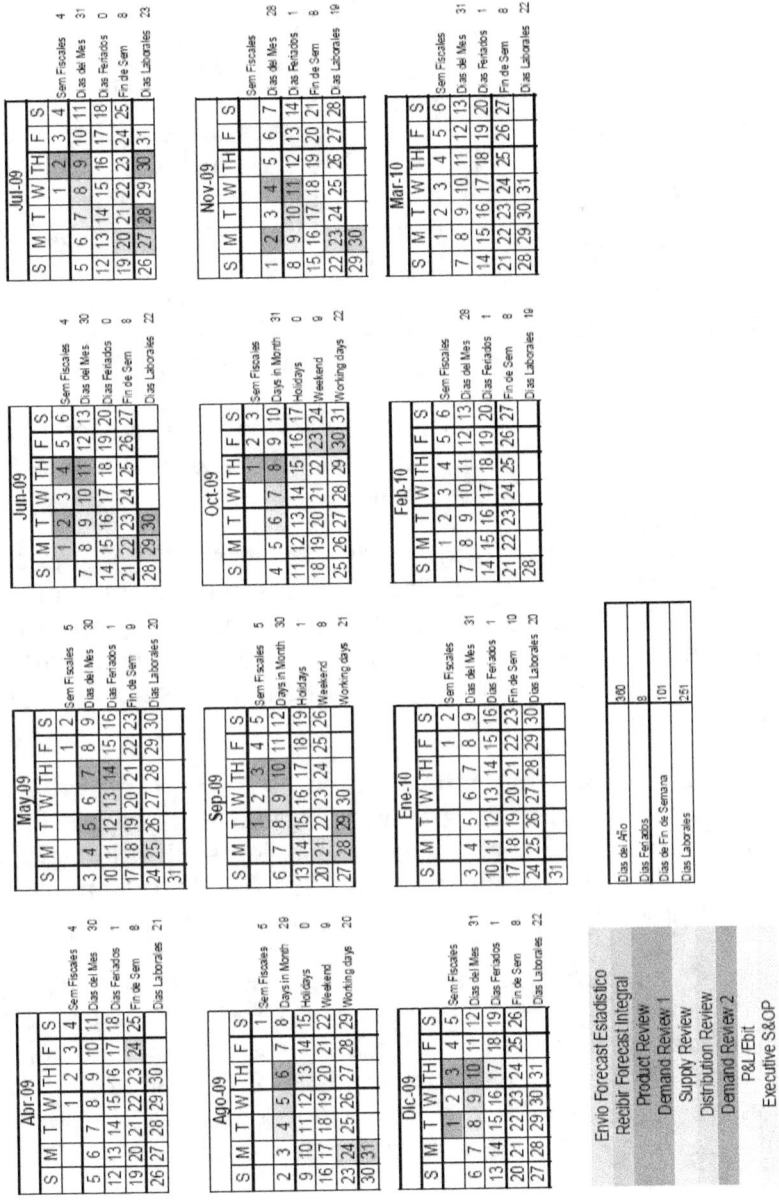

Figura 8.2. Ejemplo de un calendario por mes del S&OP

11. SOBRE EL AUTOR

Tomás Gálvez Martínez

Es director general de CELOGIS, empresa dedicada a la capacitación y consultoría en Planificación de Demanda, S&OP-IBP y fundador del Máster en Logística y Dirección de Operaciones de ENAE Business School de Murcia, España

Ha desarrollado proyectos de consultoría y capacitación para más de 400 empresas nacionales e internacionales y formado a más de 6000 ejecutivos.

Fue fundador del Centro de Logística y Comercio Internacional (CLCI) en el Tec de Monterrey y diseñador de cursos de Logística en la Maestría en Administración, en las carreras de Licenciatura, para la Universidad Virtual y para el Programa CAPS (Círculo de Actualización Profesional) de la misma institución.

Fue Profesor de tiempo completo en el Tec de Monterrey, y es escritor de más de 20 artículos en el tema de pronósticos y planificación, así como autor de los libros: "El Manual de Pronósticos y Planificación" y "Planificación de la Demanda: La guía práctica"

Imparte conferencias en México, España, Centro y Sudamérica y es profesor invitado por Universidades Internacionales en el mismo tema. Posee un MBA, estudios de Maestría en Ingeniería Industrial (MSC) por el Tec de Monterey y es candidato a Doctor en Administración con el tema de Pronósticos y Planificación de Demanda.

12. BIBLIOGRAFÍA Y RECURSOS ADICIONALES EN YOUTUBE Y DROPBOX

BIBLIOGRAFÍA

John E. Hanke y Arthur G. Reitsch (2004) Pronósticos en los Negocios, 5ª edición, Editorial Prentice Hall, ISBN 968-880-681-1

Ronald H. Ballou (2004) Logística. Administración de la Cadena de Suministro, 5ª edición, Editorial Pearson Prentice Hall, ISBN 970-26-0540-7.

Keynes, J. M. (1936). La teoría general del empleo, del interés y del dinero. Buenos Aires: Fondo de Cultura Económica.

Rogers, E. M. (2003). Diffusion of Innovations, 5th Edition. Simon and Schuster.

Orlicky, J., & Plossl, G. (1994). Orlicky's Material Requirements Planning. McGraw-Hill Professional.

Sampieri, R. H., Fernández, A. C., Baptista Lucio, M., & Baptista Lucio, M. (2008). Metodología de la investigación. McGraw-Hill.

Croxton, L. A., & Lambert, D. M. (2002). Essentials of Supply Chain Management. McGraw-Hill.

Chopra, S., & Meindl, P. G. (2013). Supply Chain Management: Strategy, Planning, and Operation. Pearson Education

Gálvez, T. (2022) El manual de Pronósticos y Planeación ASIN: B0BMNXKZMF. Independently Published Amazon.

Gálvez, T. (2024) Planeación de la Demanda: Una guía práctica ASIN: B0D2ZG95CD. Independently published Amazon.

RECURSOS ADICIONALES EN YOUTUBE Y DROPBOX.

1. *Capítulo 1.* El "Manual de Pronósticos y Planeación" y el de "Planeación de la Demanda: Una guía práctica":
   https://www.celogis.com/ebooks-y-libros/
2. *Capítulo 4.* La auditoría del proceso de Michael Hammer:
   https://www.dropbox.com/scl/fi/acxu75c2zxdmzgv8j5ktx/El-Modelo-de-Madurez-de-Proceso-y-de-Empresa-MMPE-Michael-Hammer.xlsx?rlkey=nms8gr30ooudjy32jjsmy2s7y&st=jk1e59f8&dl=0.
3. *Capítulo 7.* Pasos necesarios para la construcción de diagramas SIPOC:
   https://youtu.be/QL_FmTgnoZ8?si=9cj7mKCc5oRSiwuP
4. *Capítulo 8.* Formatos de ayuda para el diseño y control del S&OP:
   https://www.dropbox.com/scl/fo/95t62hlf4qh6zxwwv6gwh/AJpKhsFviuMSjv-3pi--sOc?rlkey=qs6su364xh4s5cmufcwv0k917&st=lj3vysfs&dl=0

www.ingramcontent.com/pod-product-compliance
Lightning Source LLC
Chambersburg PA
CBHW070242220526
45465CB00004B/1496